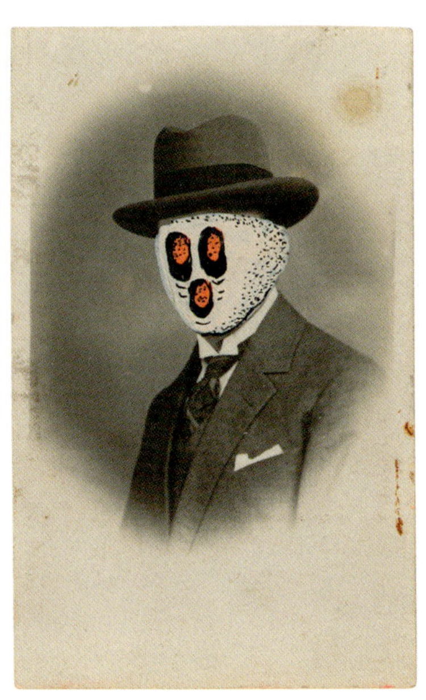

AF473888

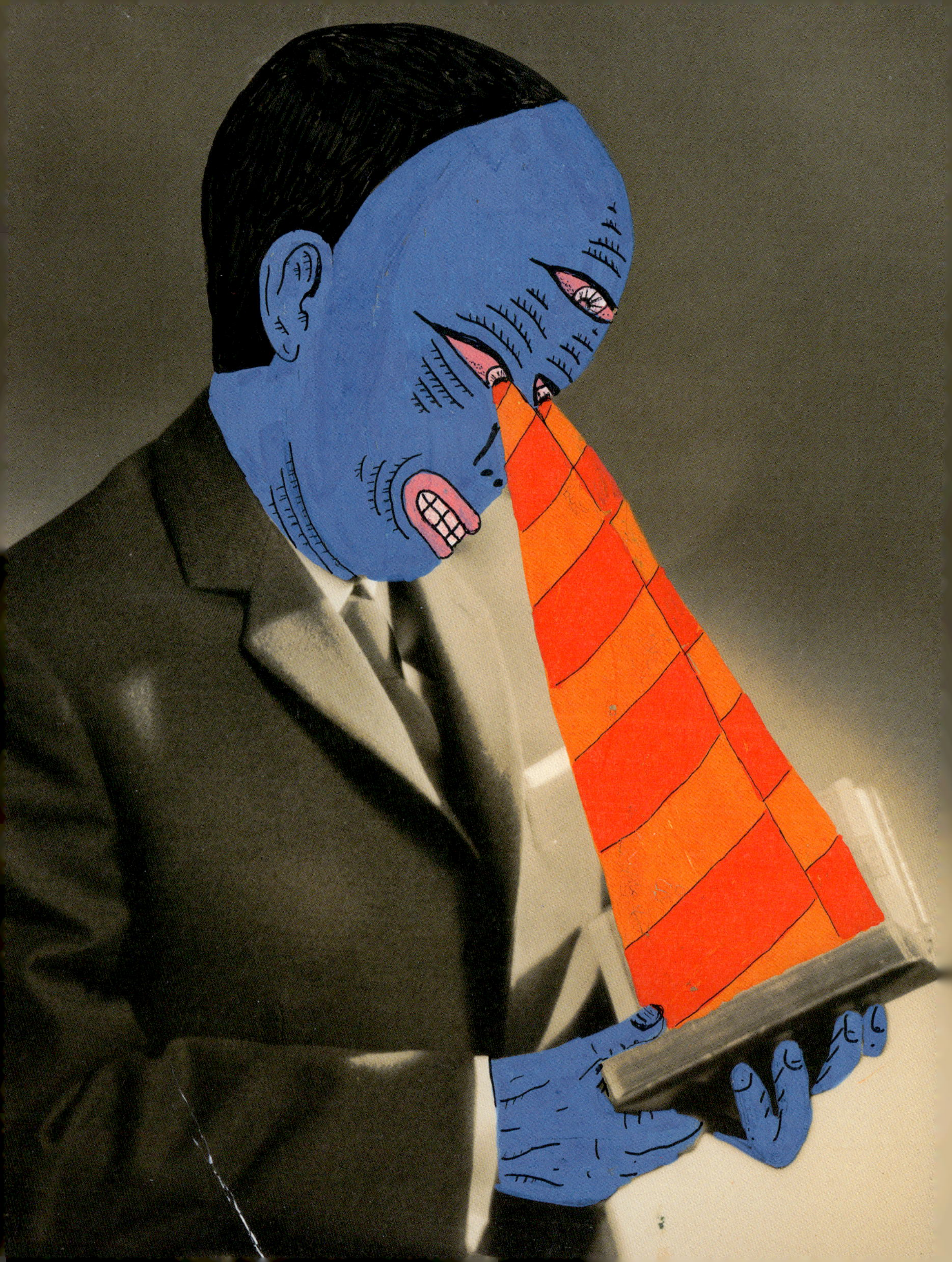

MASCARADE

MATHIEU VAN ASSCHE

c
f
éditions
c

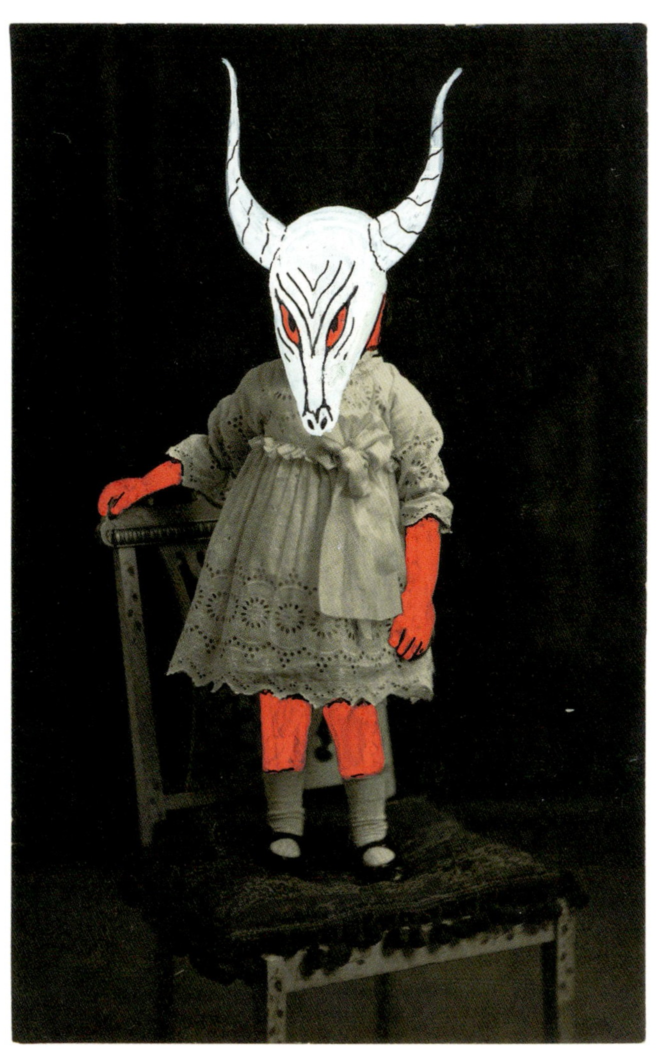

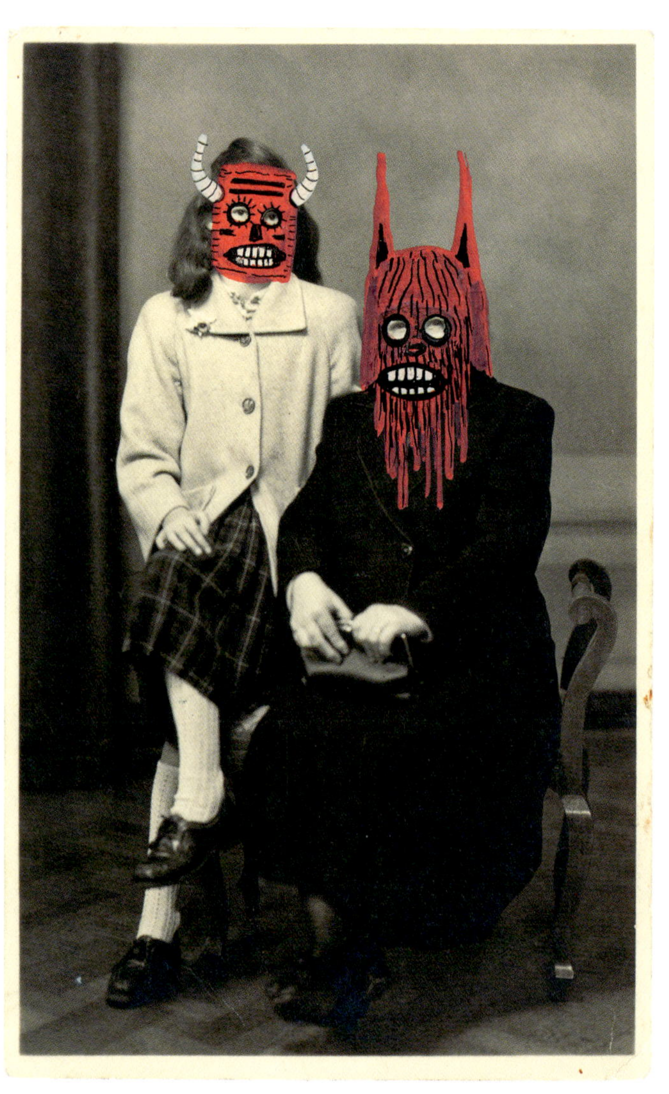

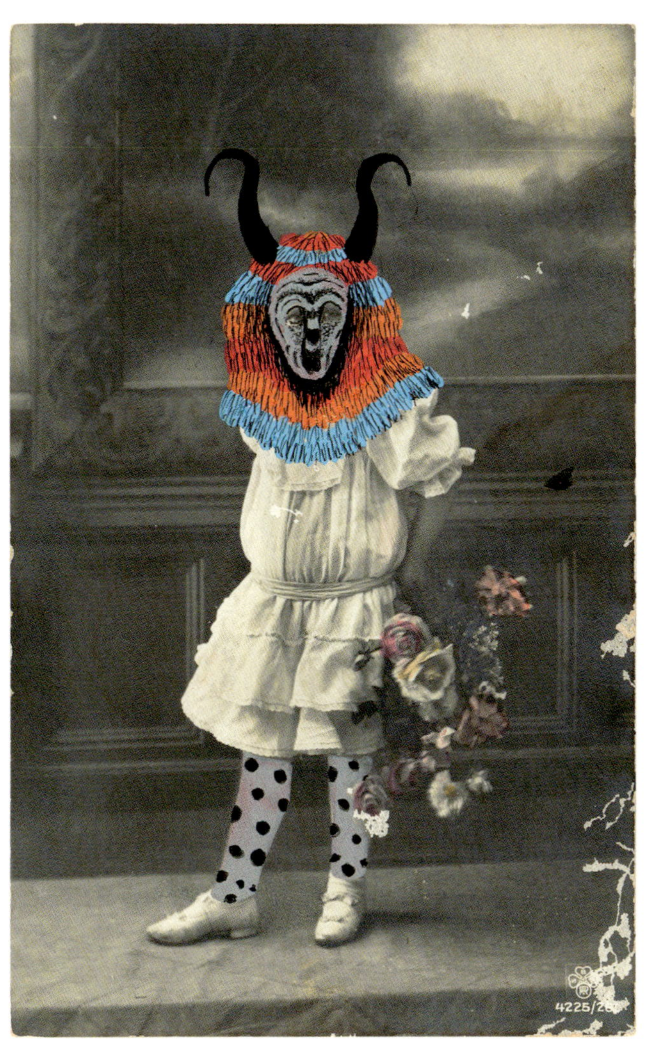

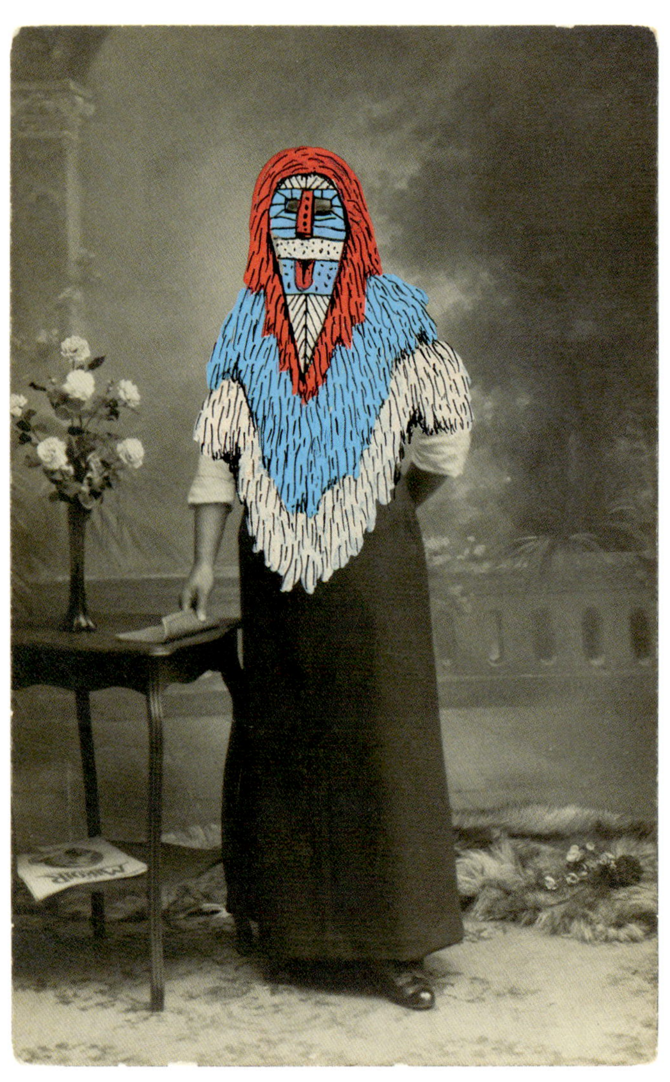

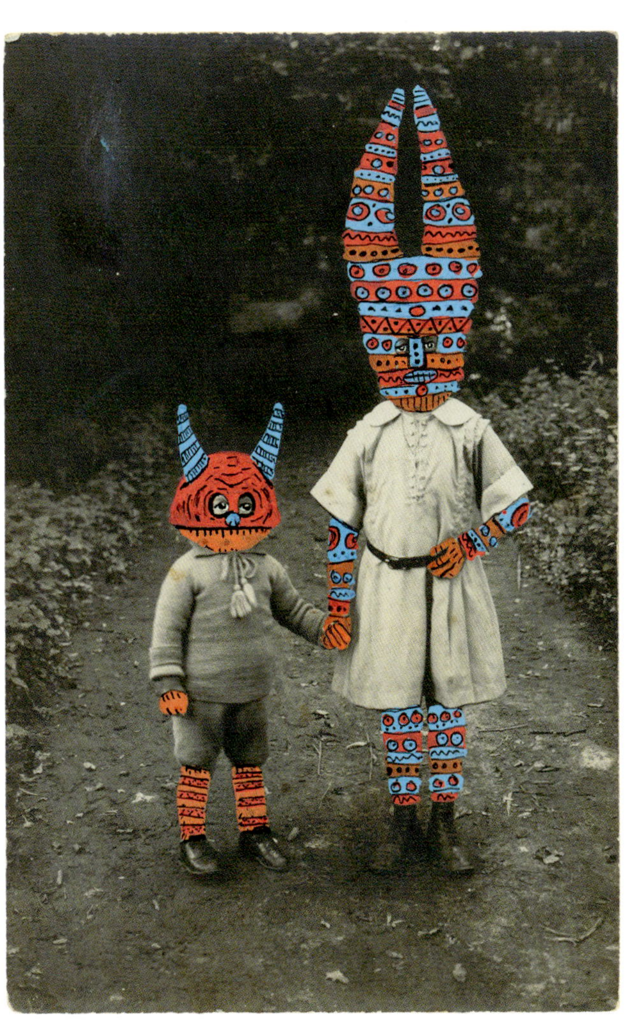

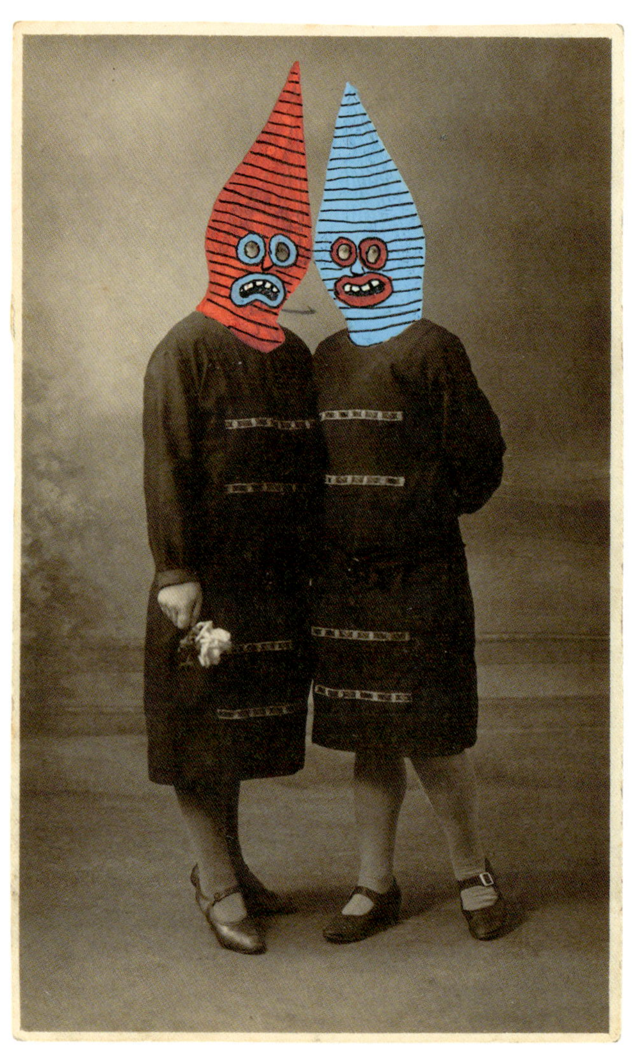

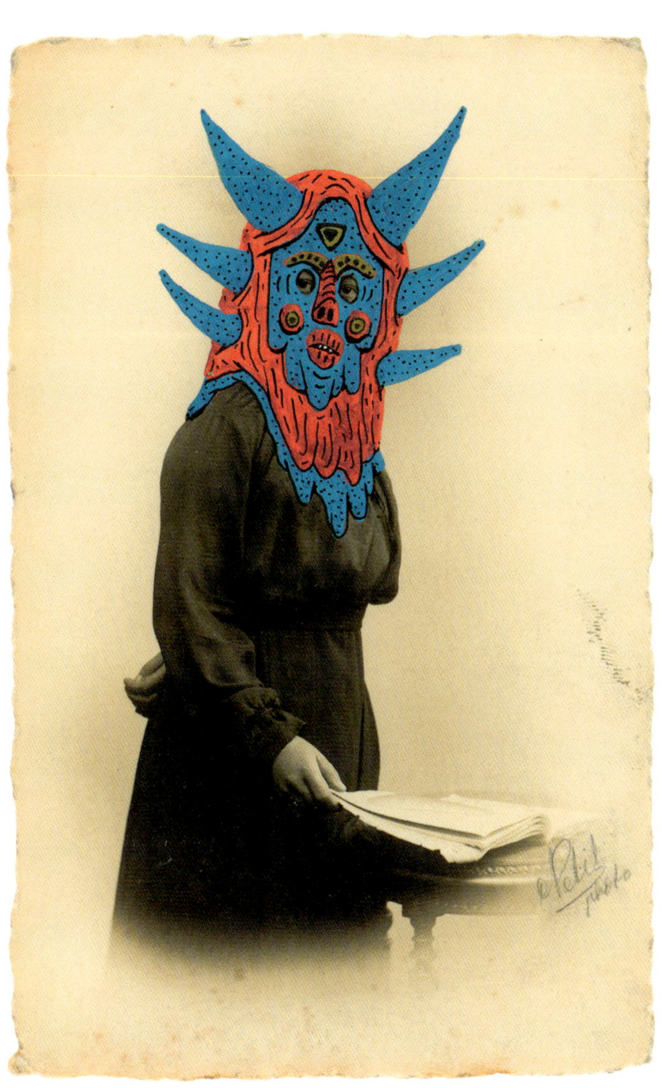

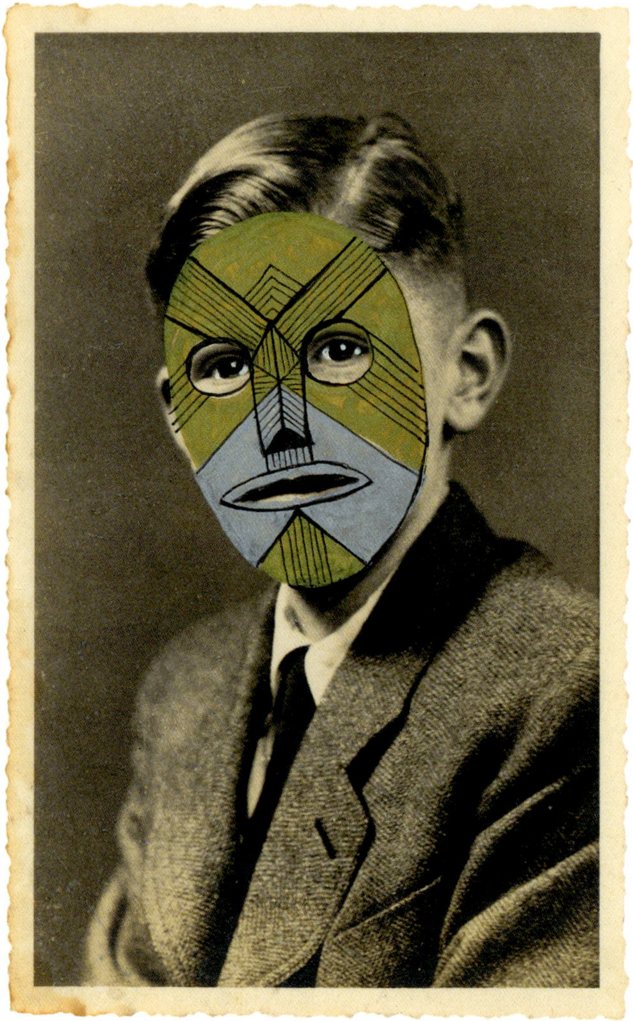

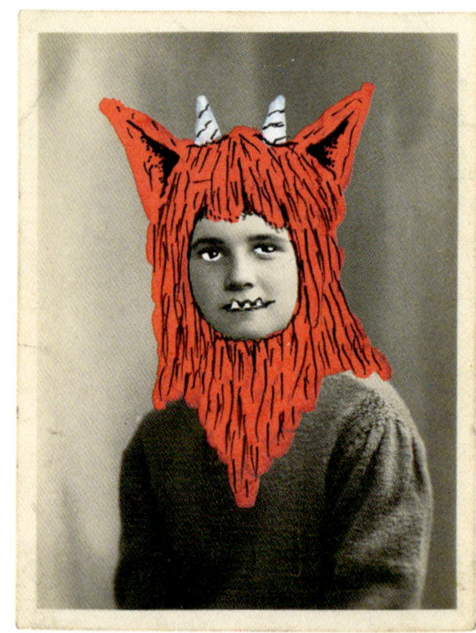

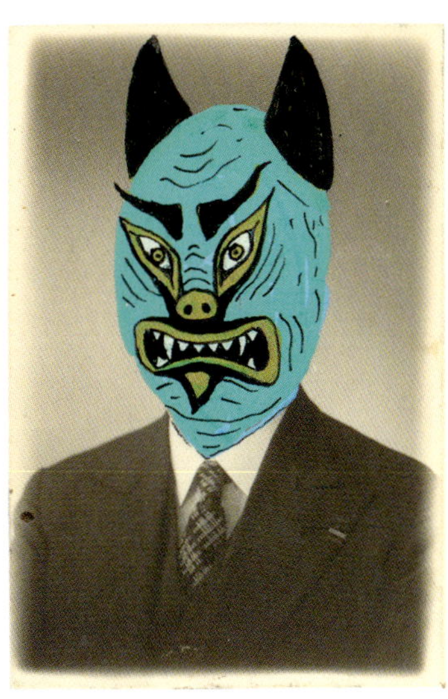

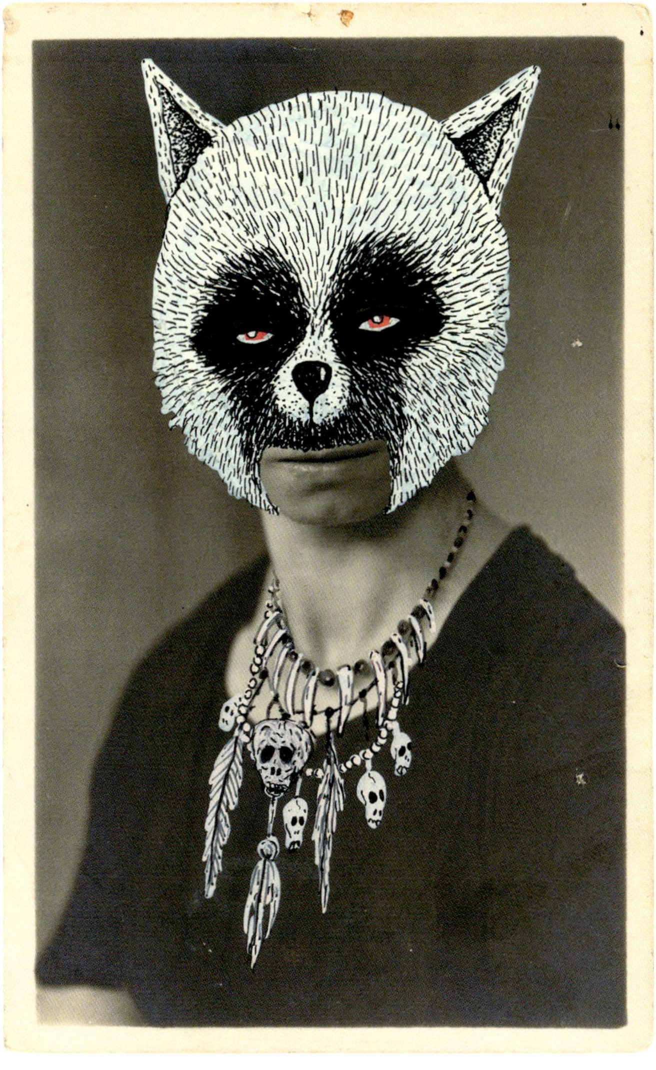

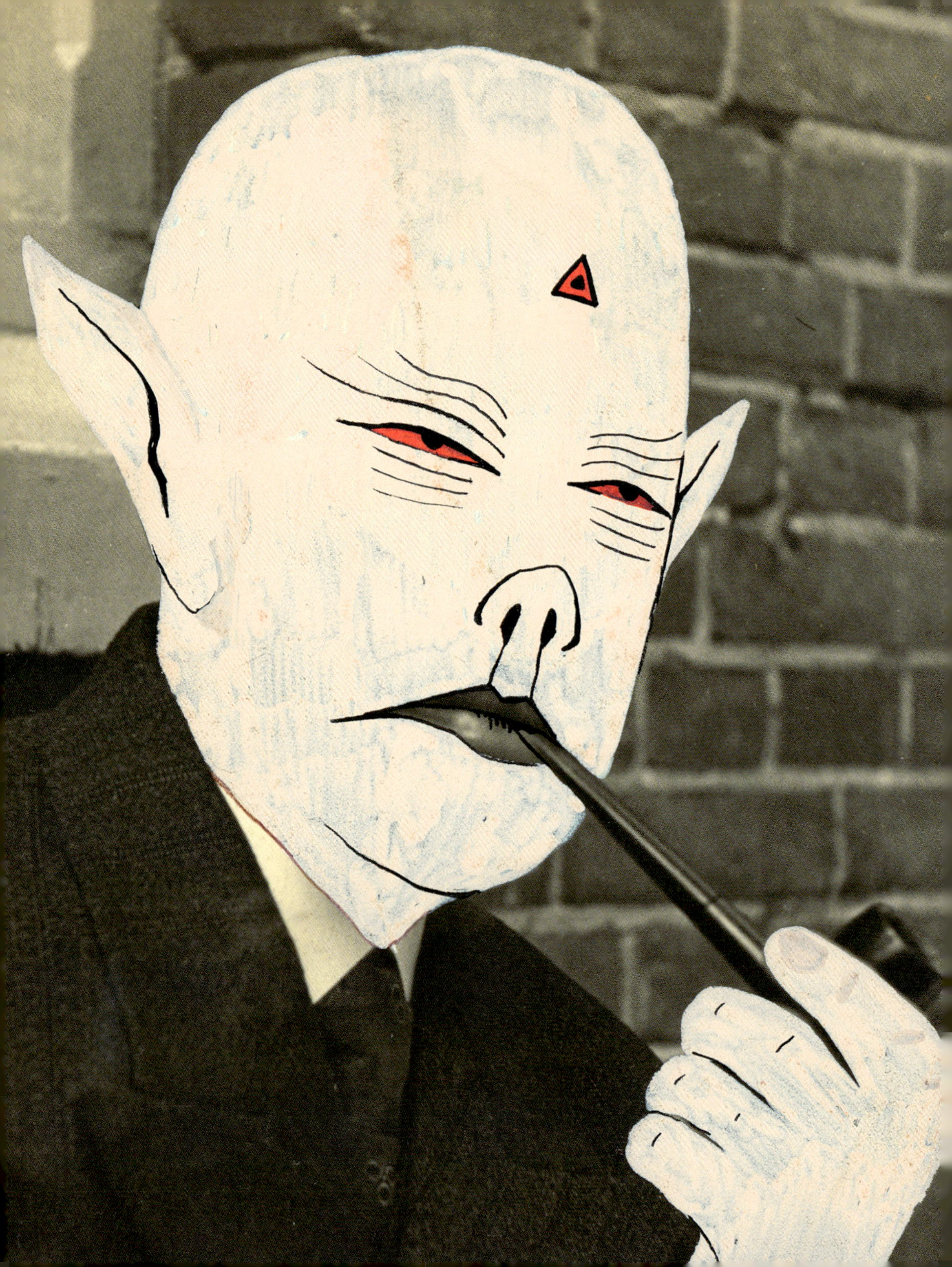

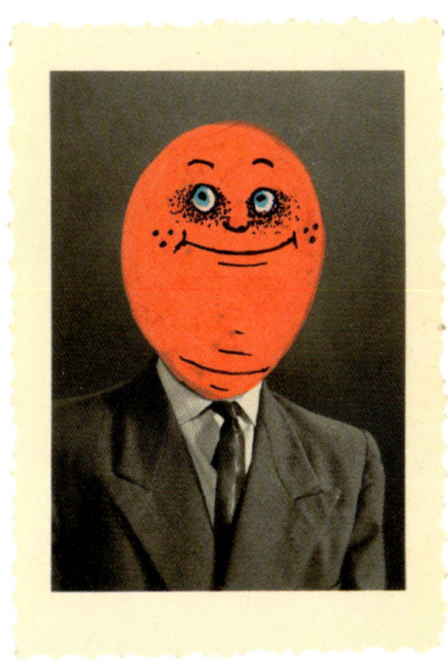

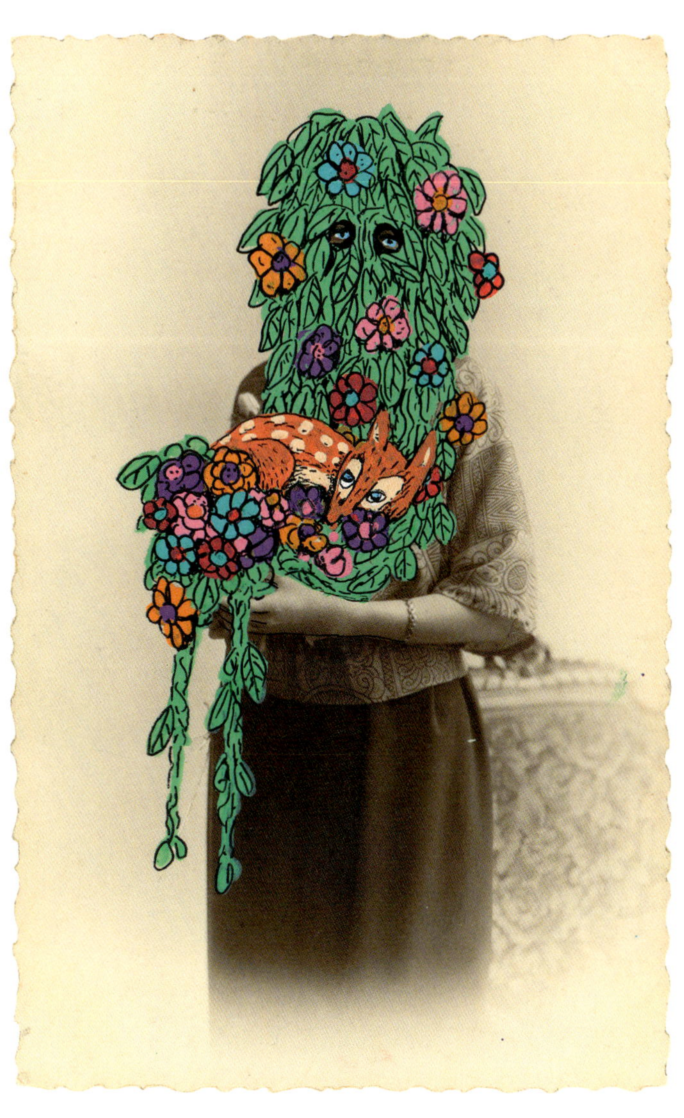

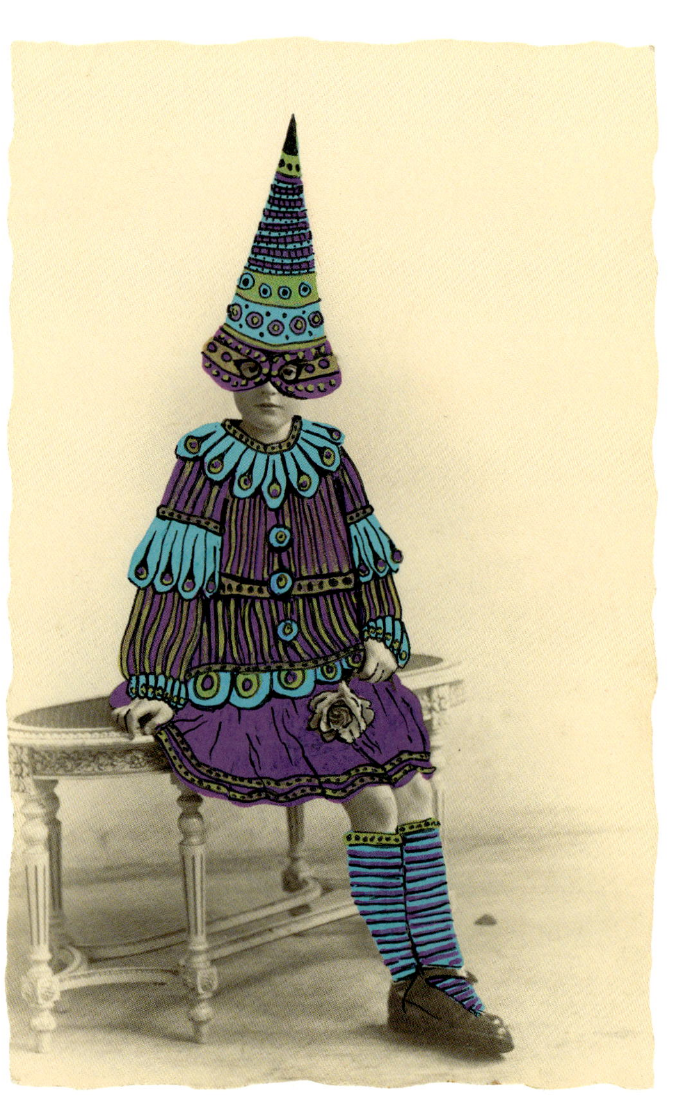

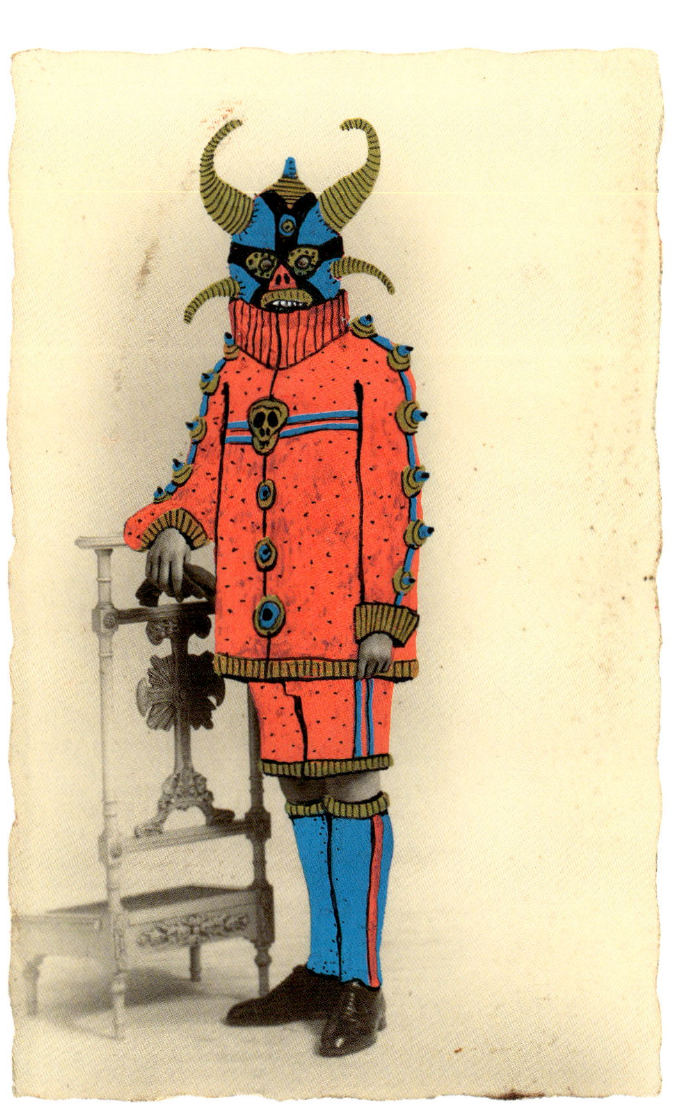

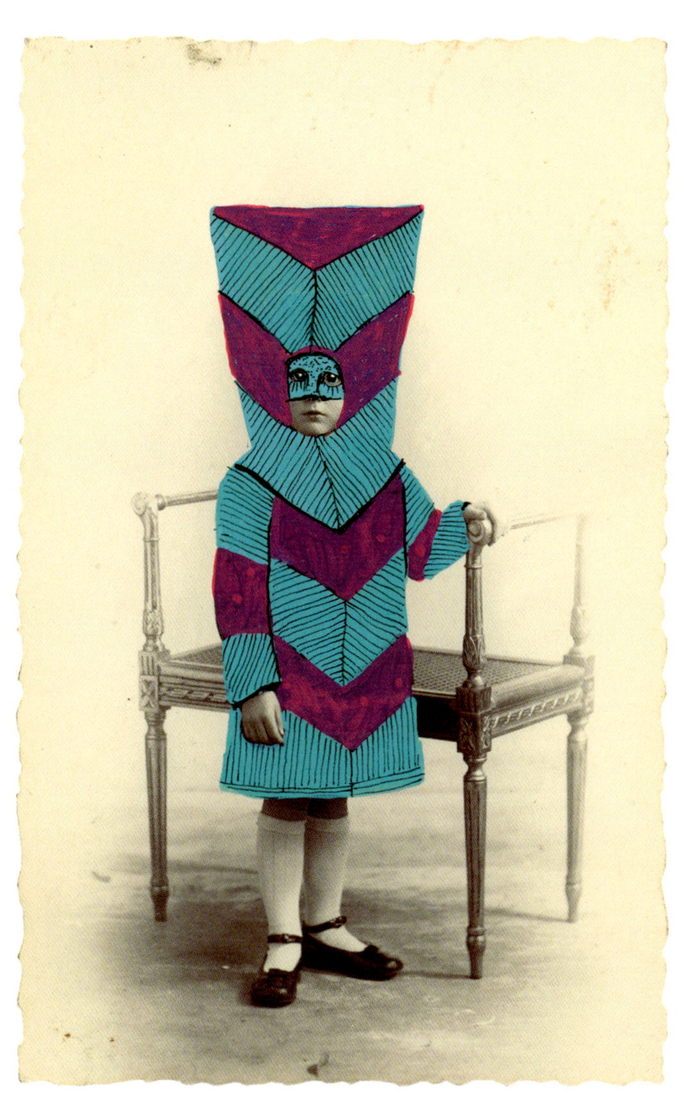

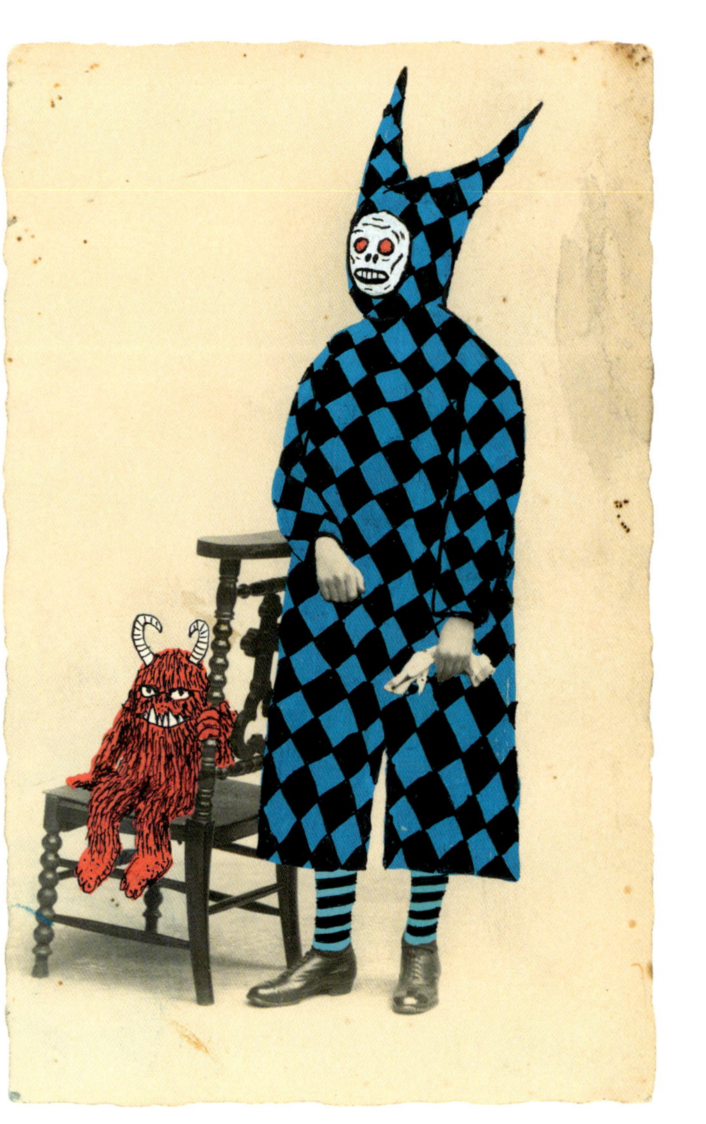

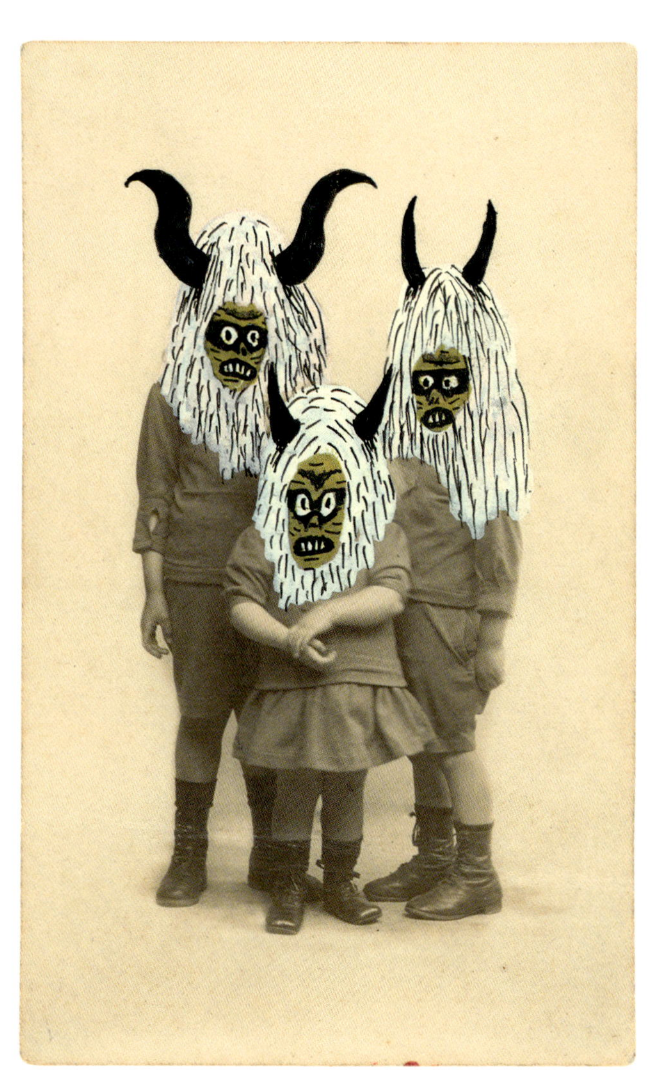

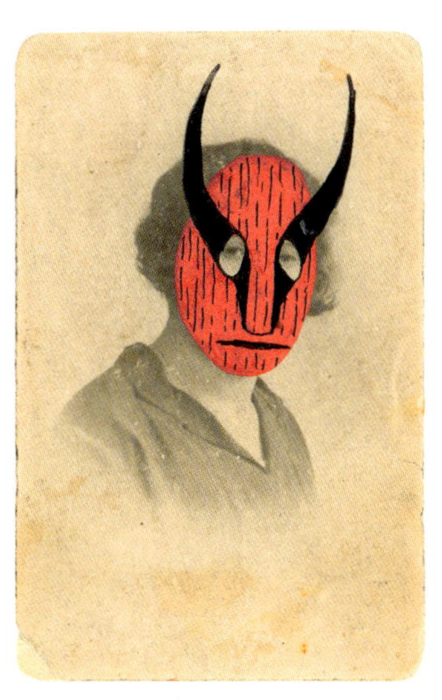

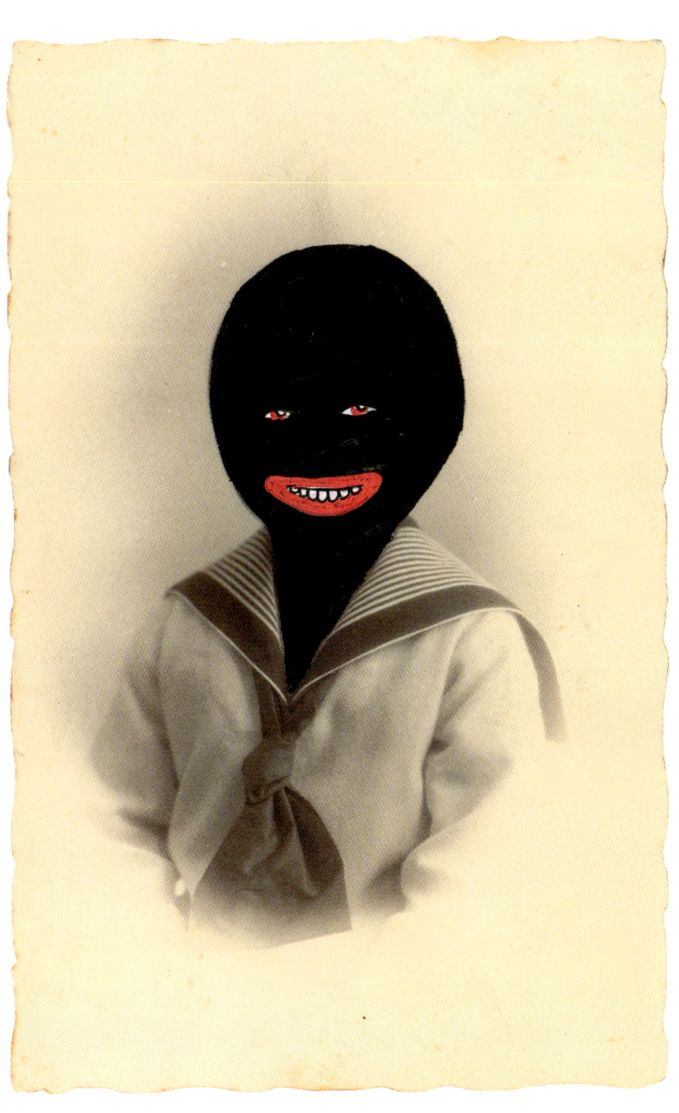

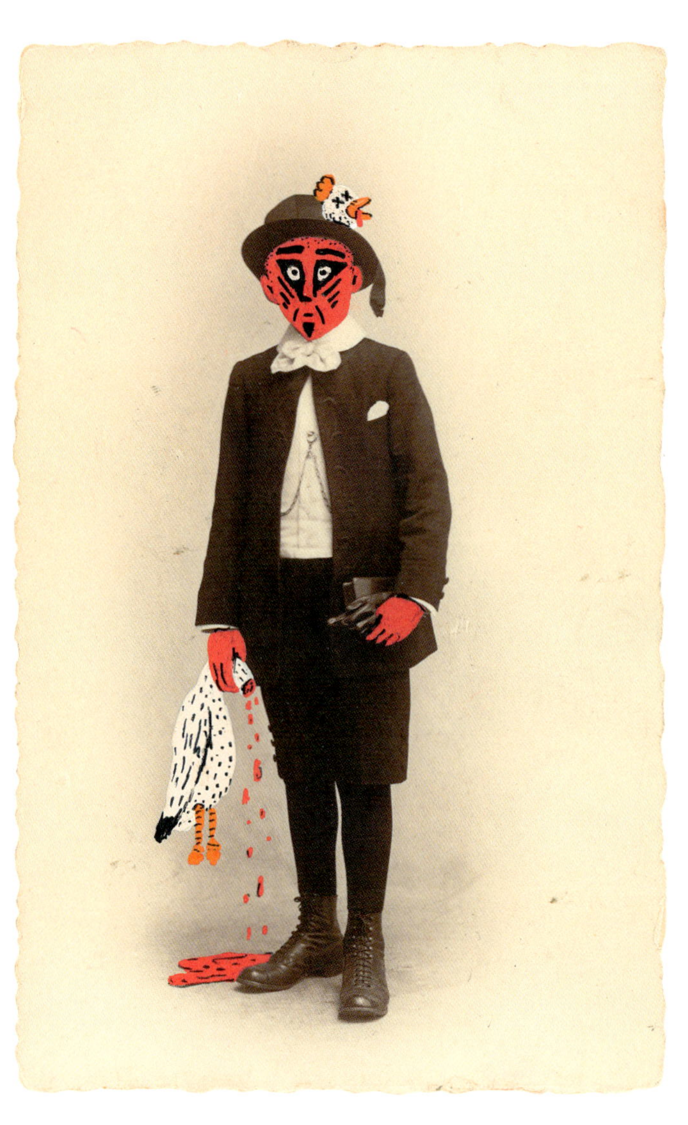

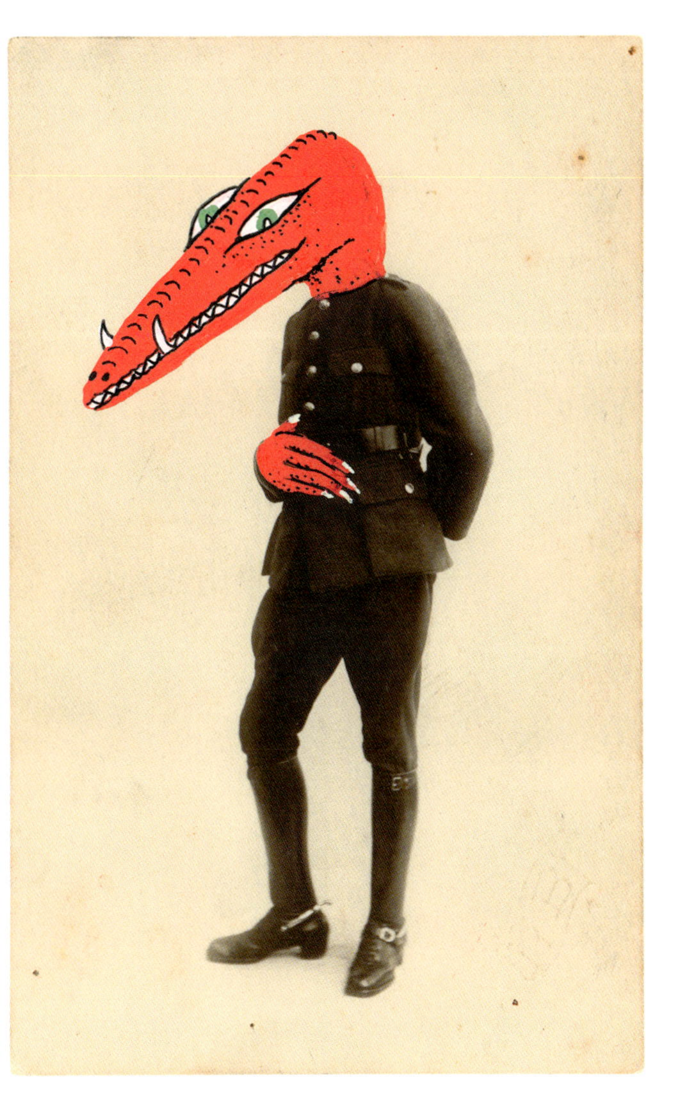

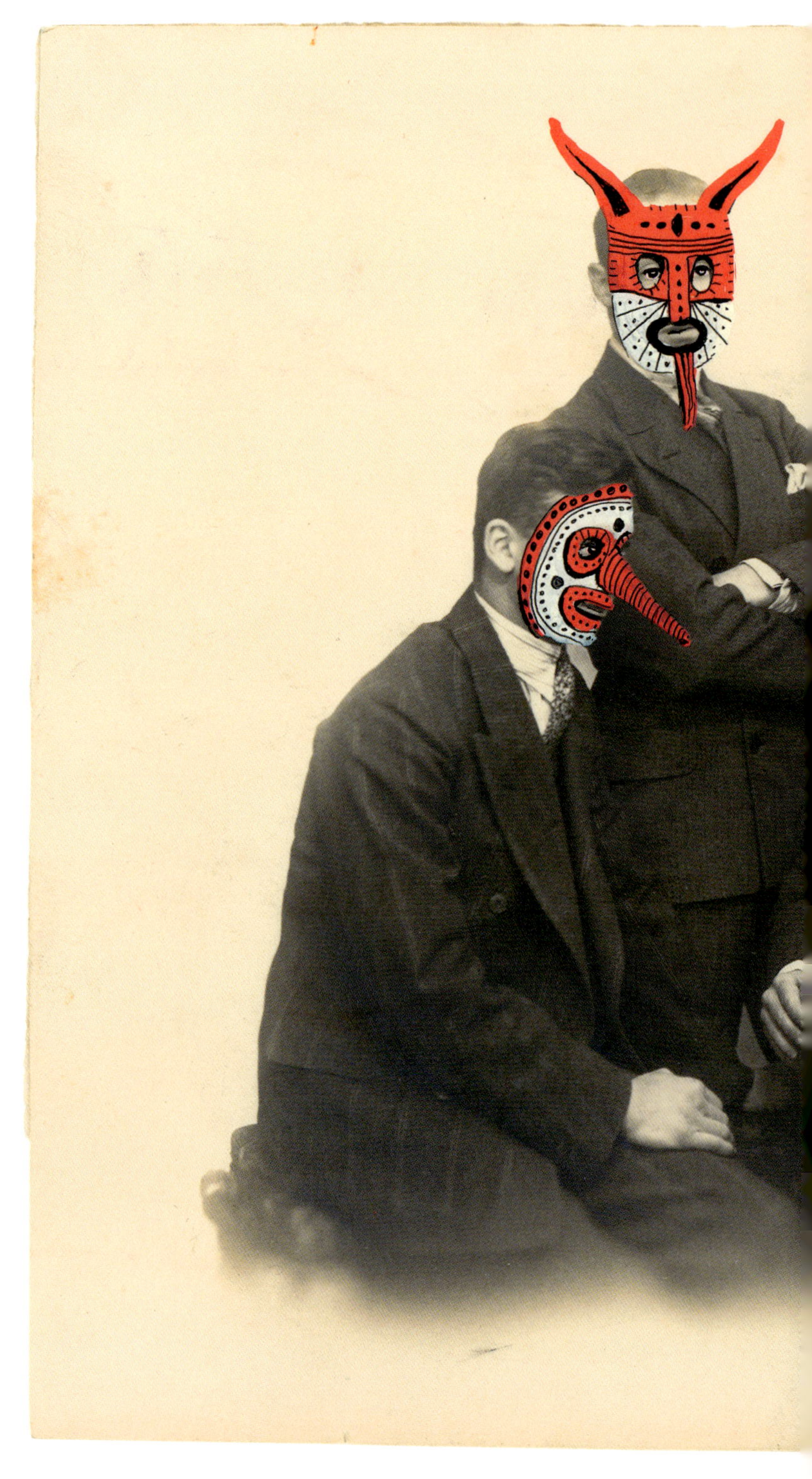

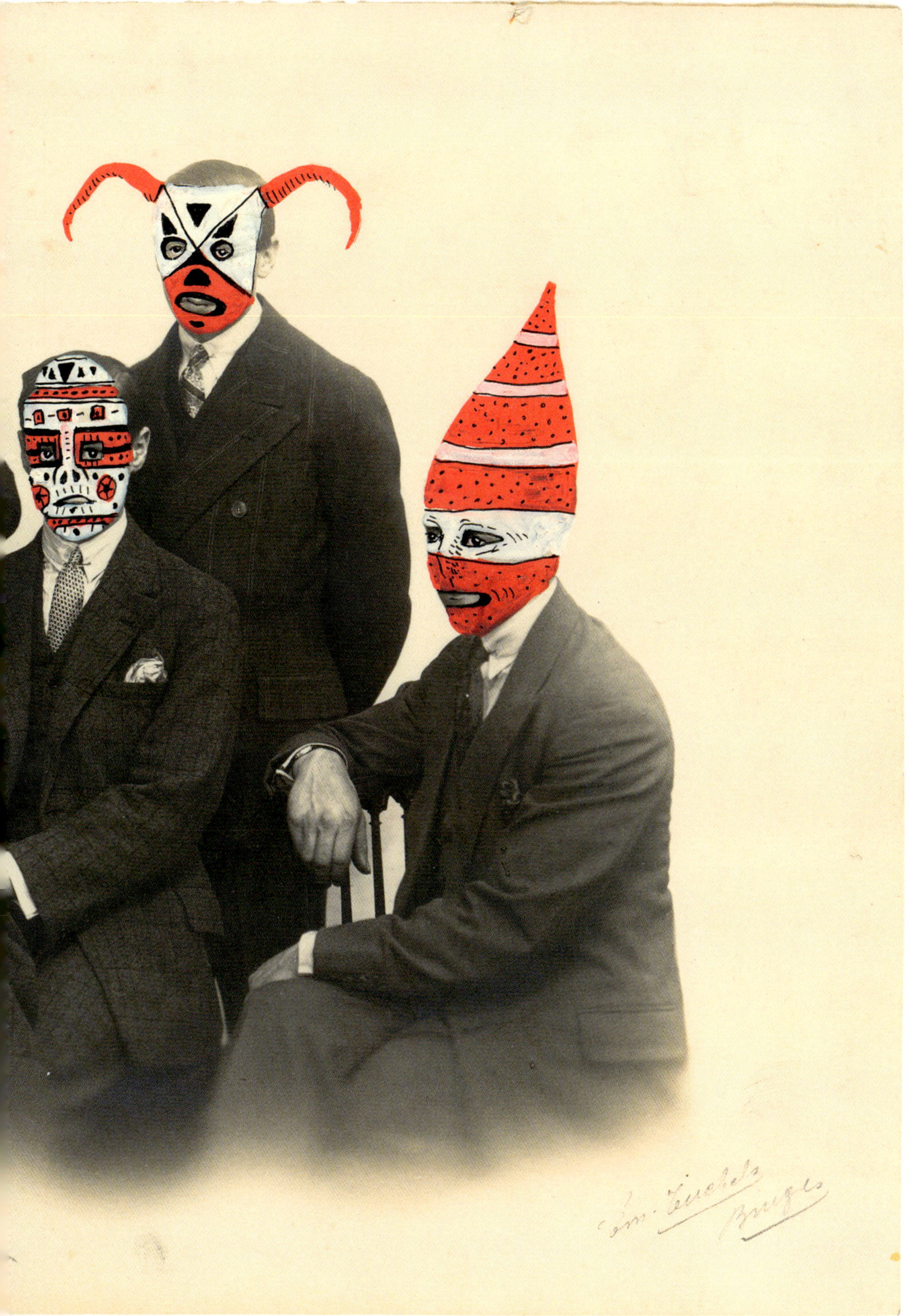

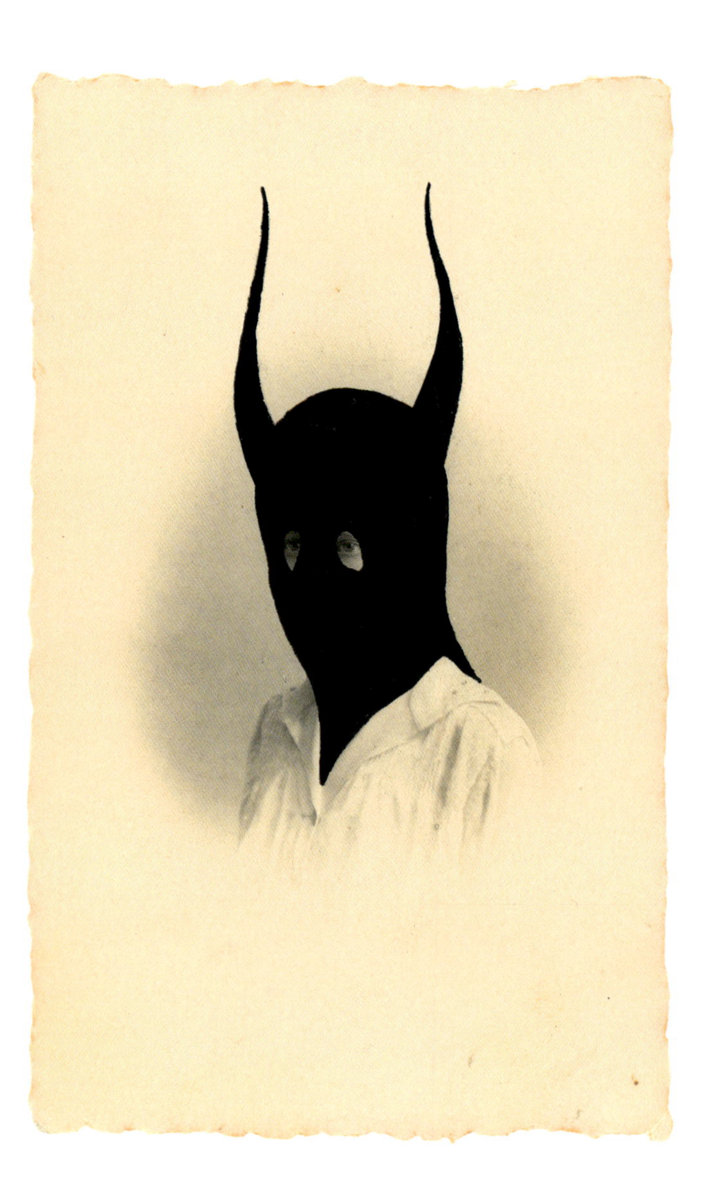

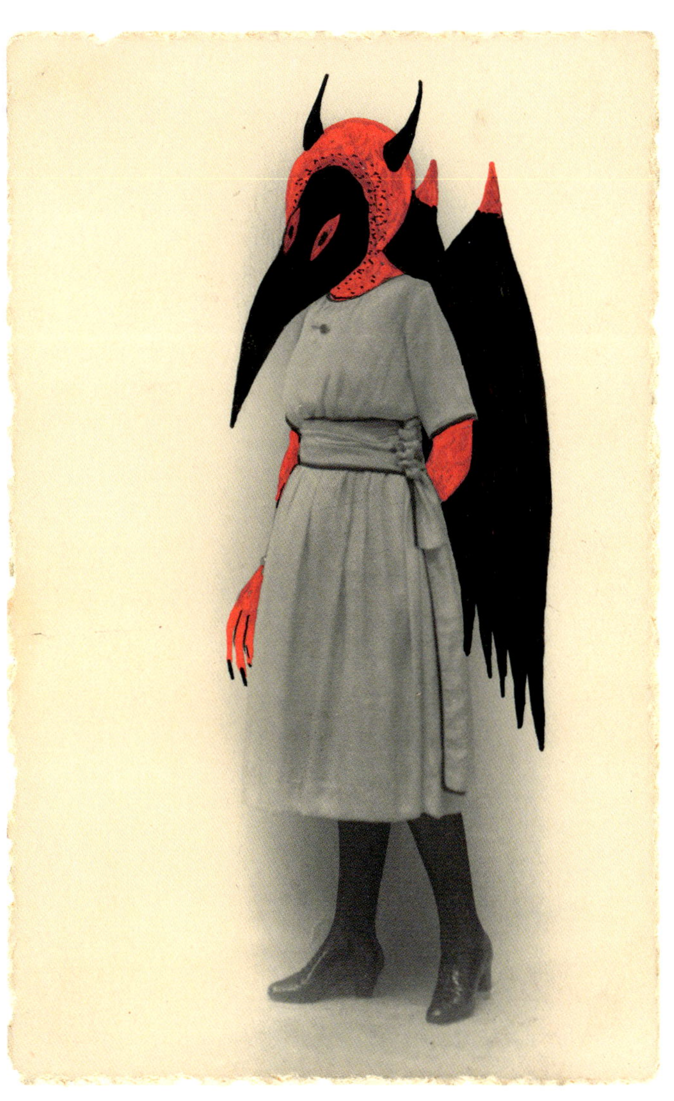

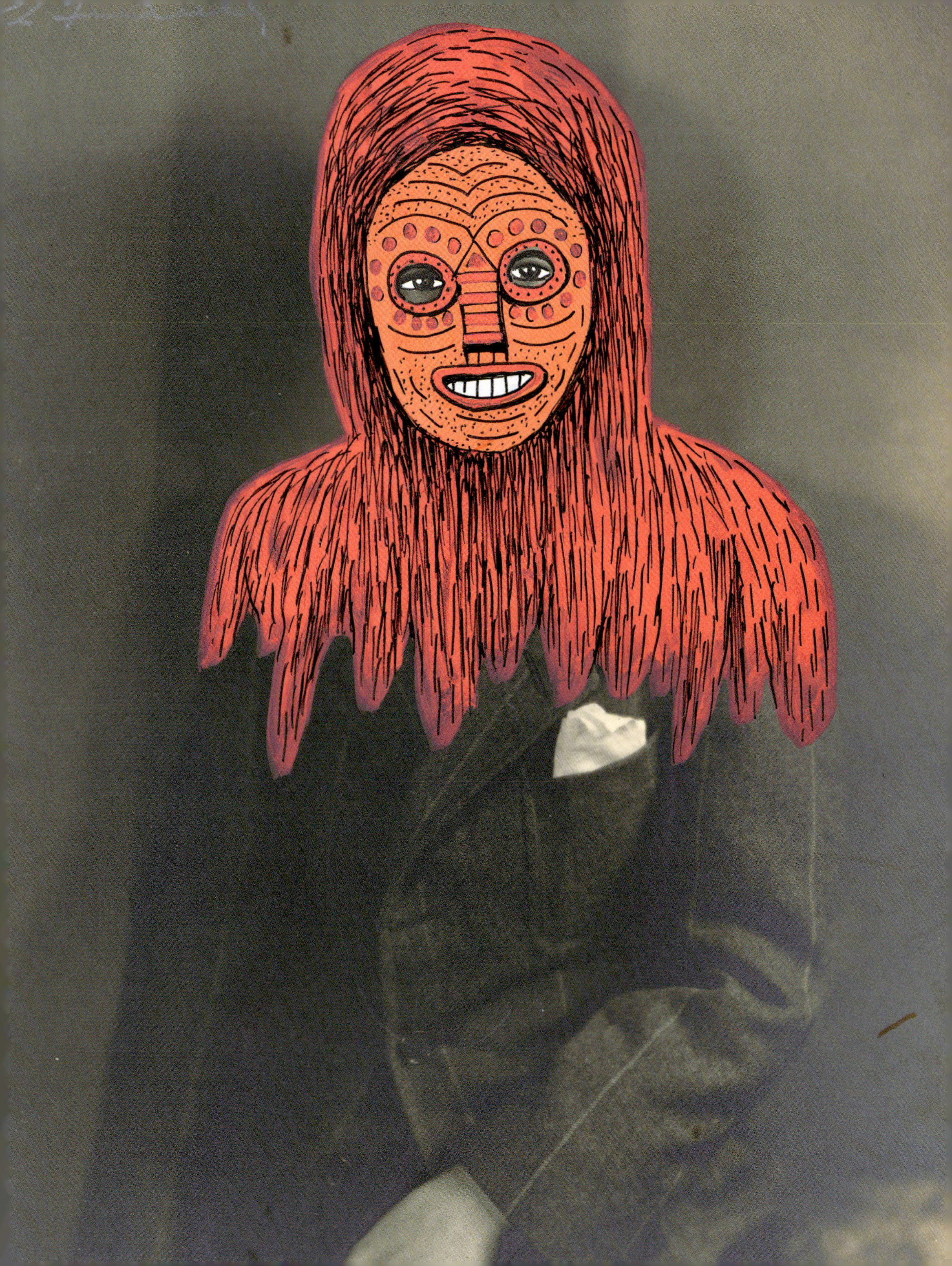

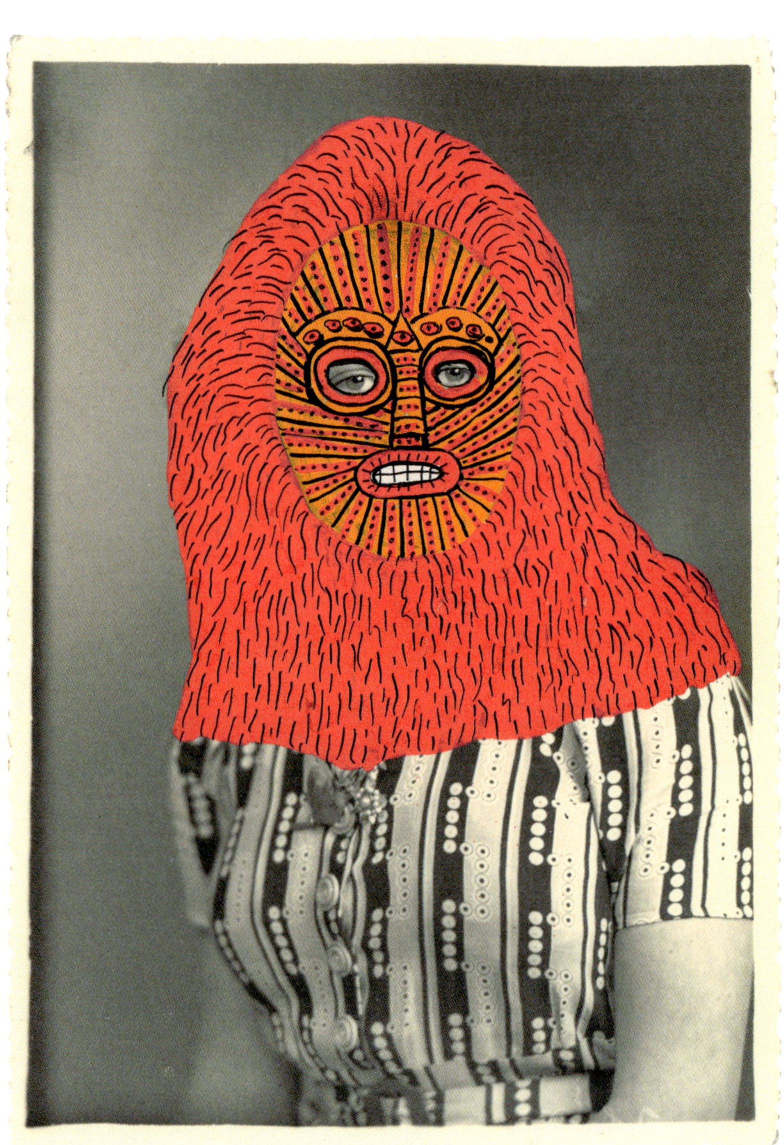

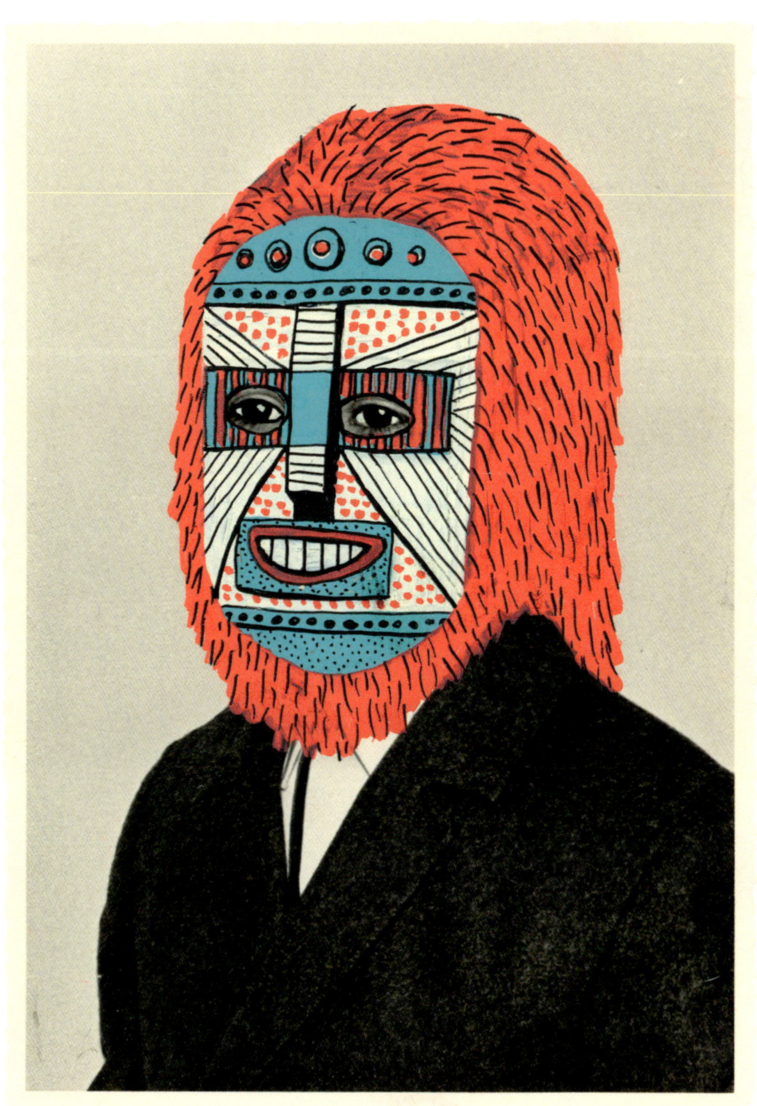

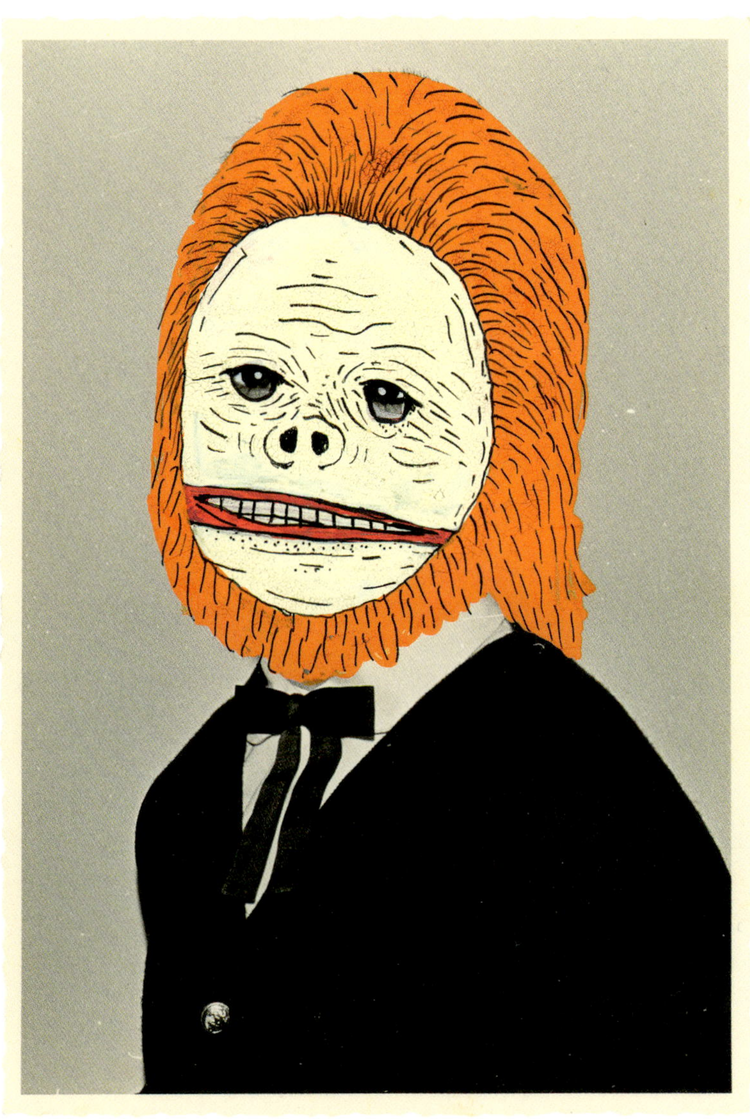

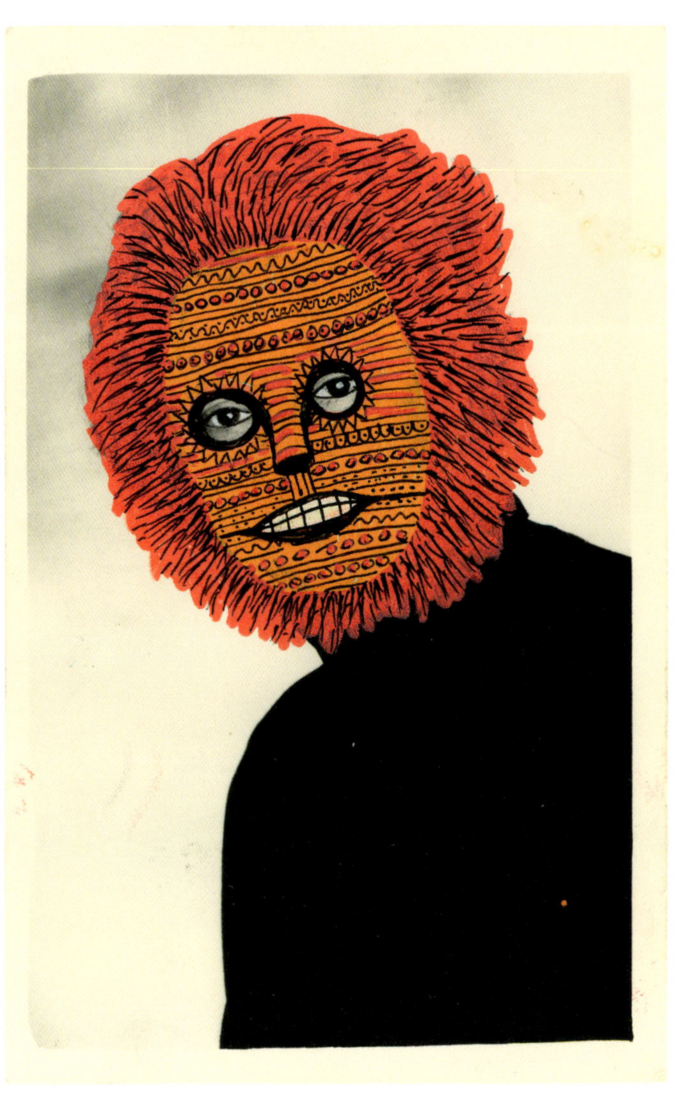

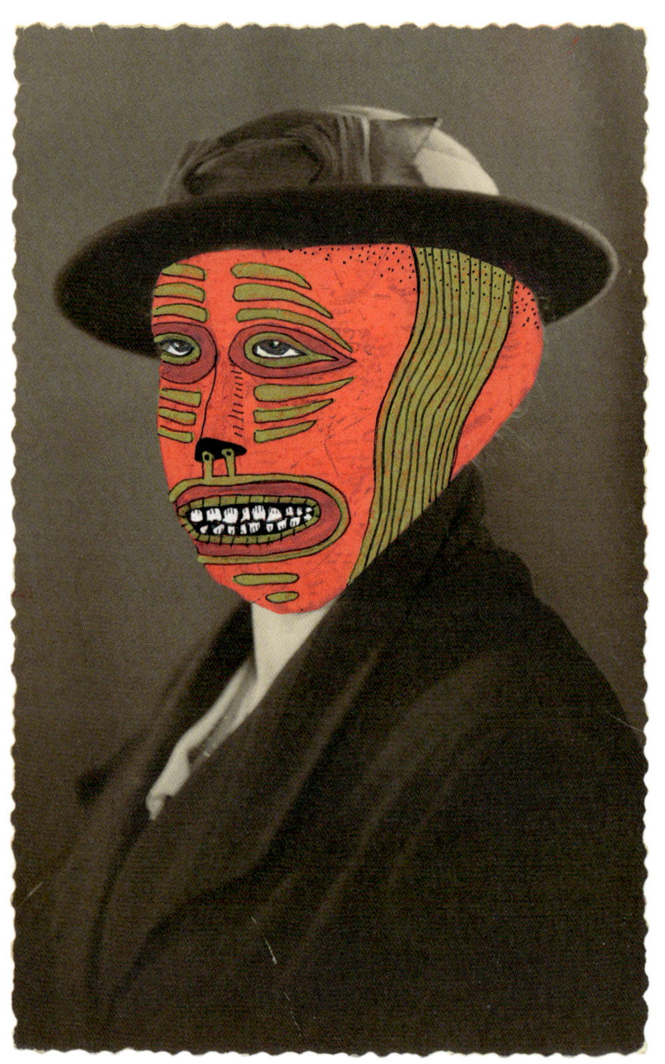

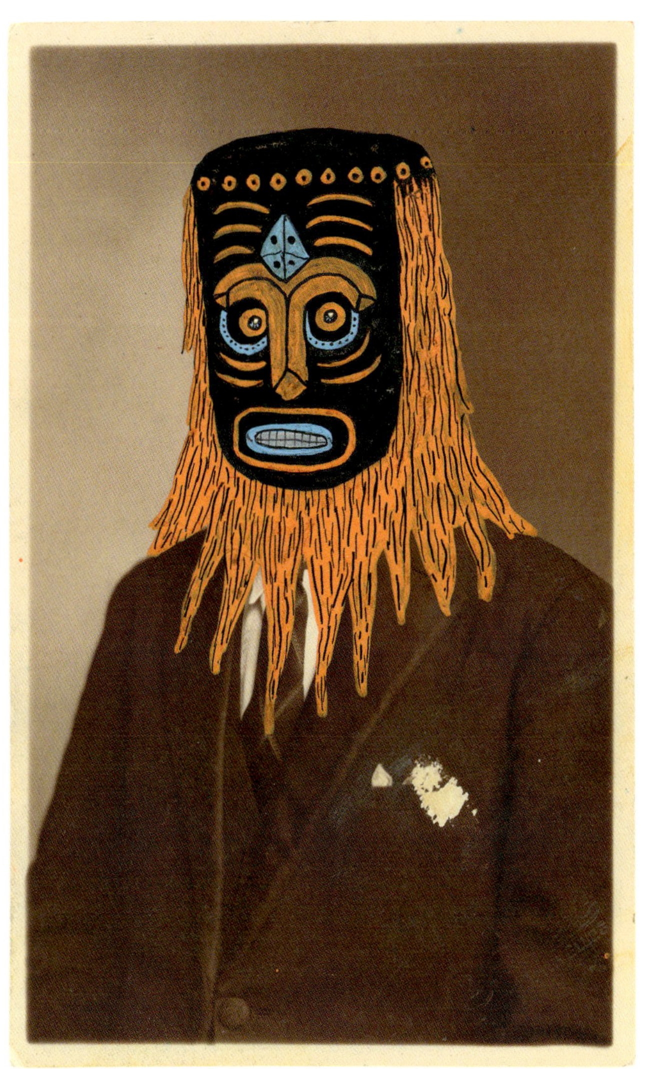

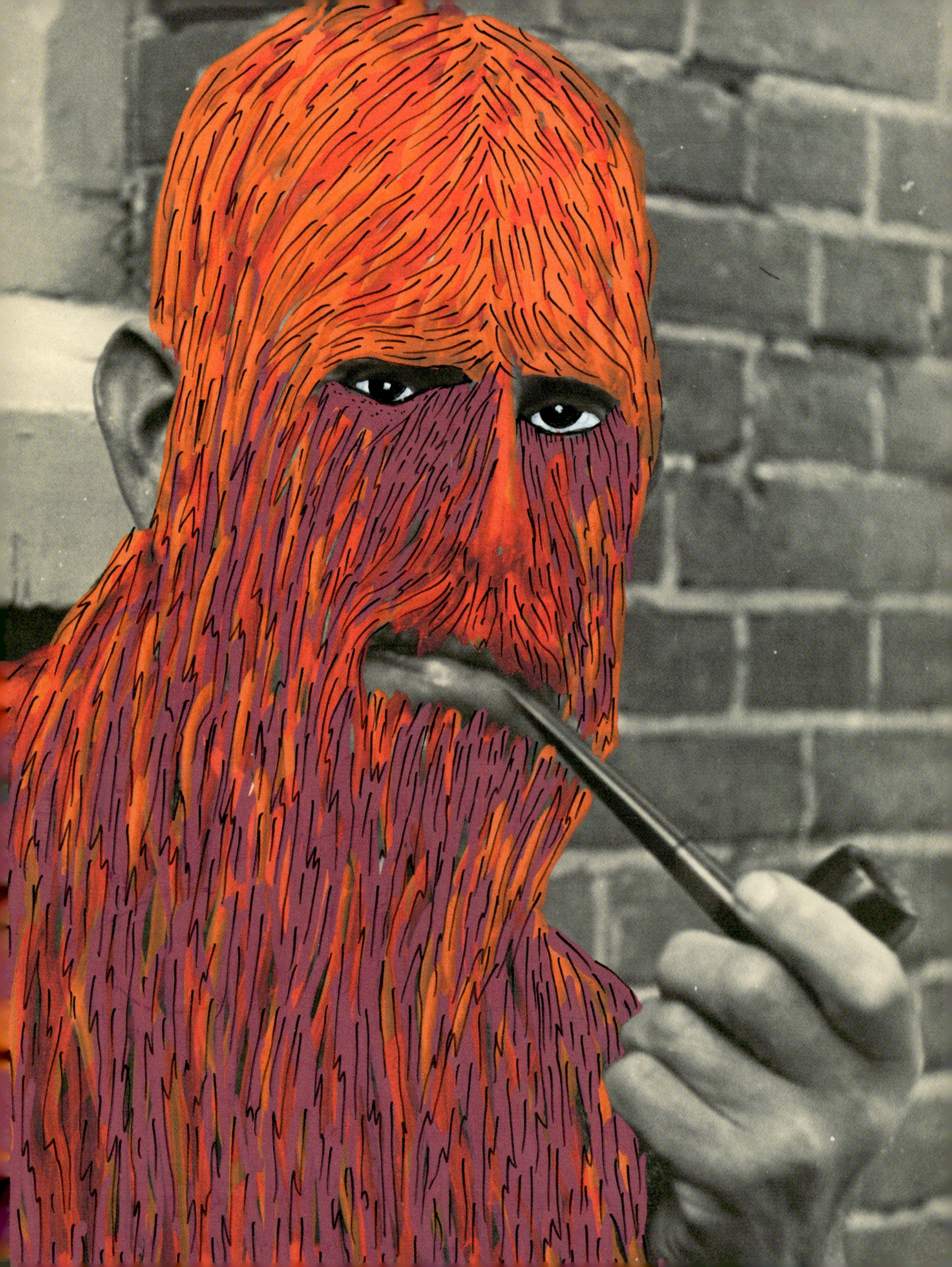

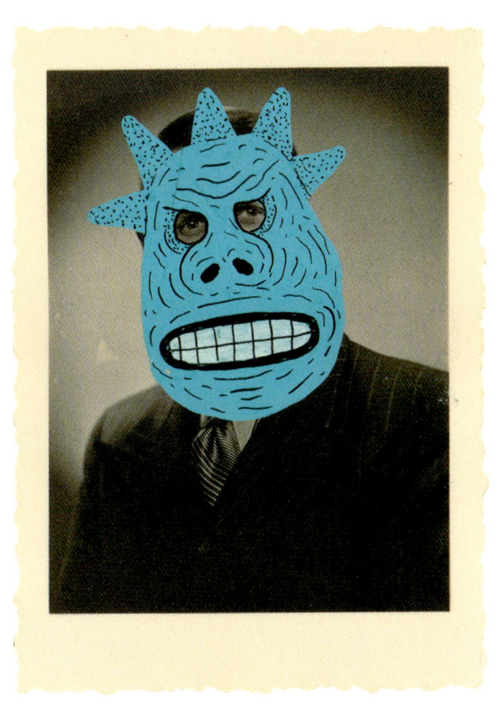

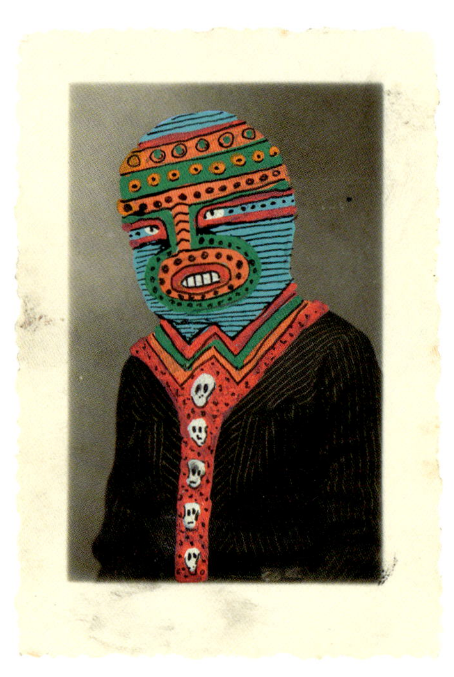

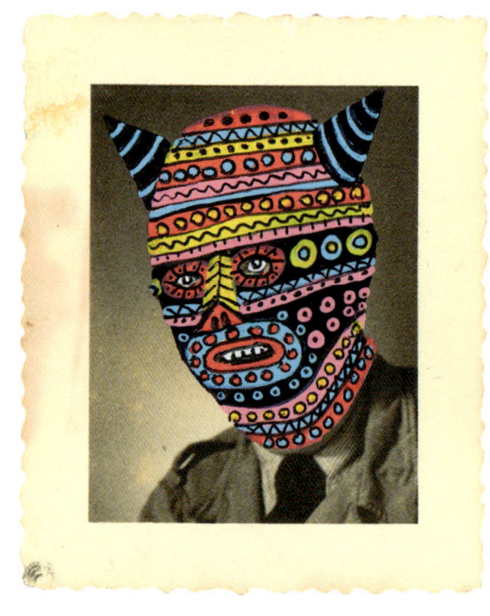

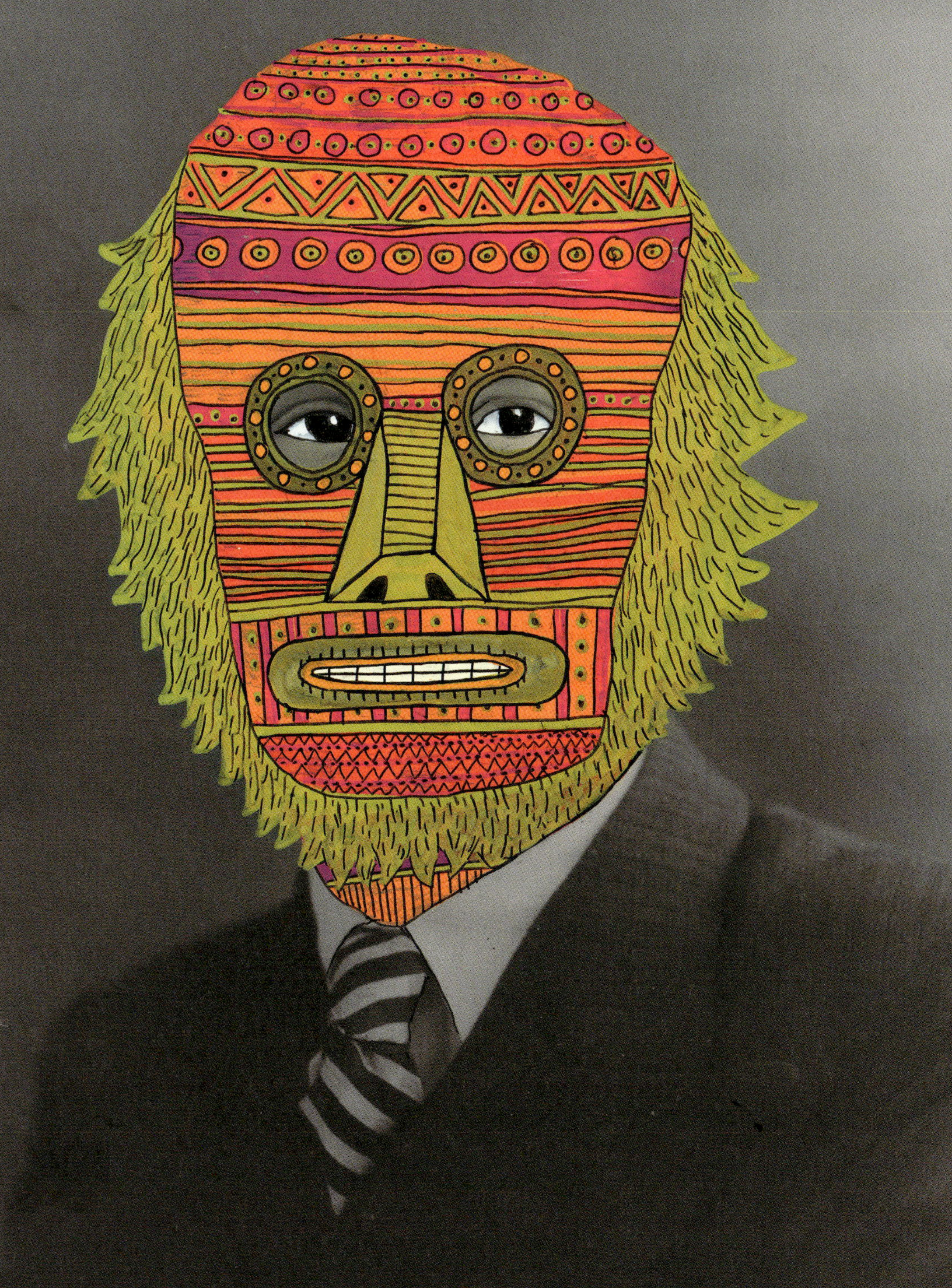

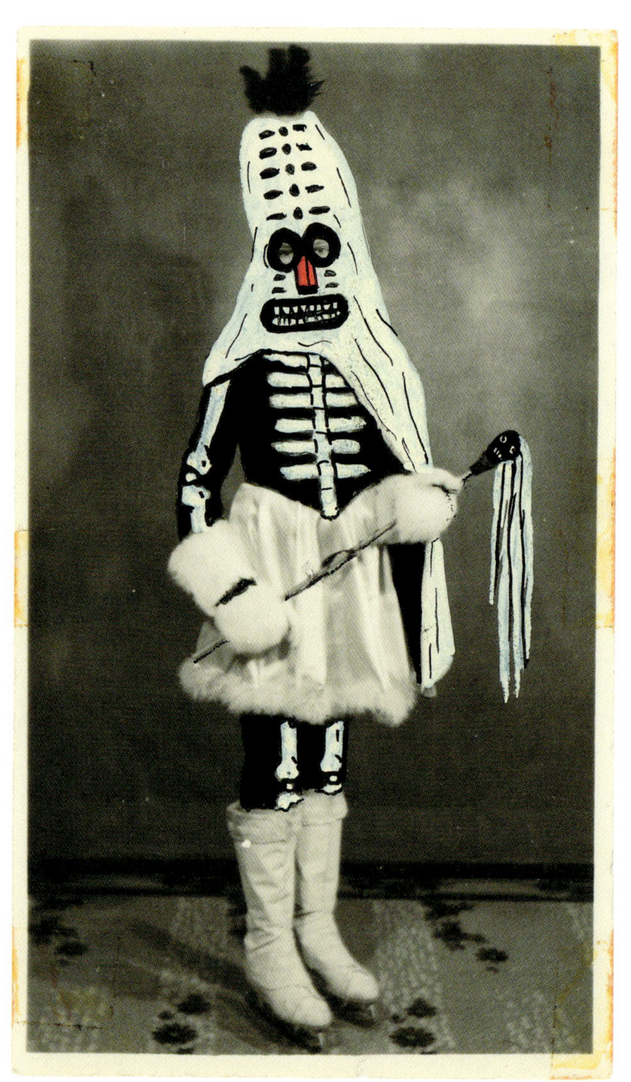

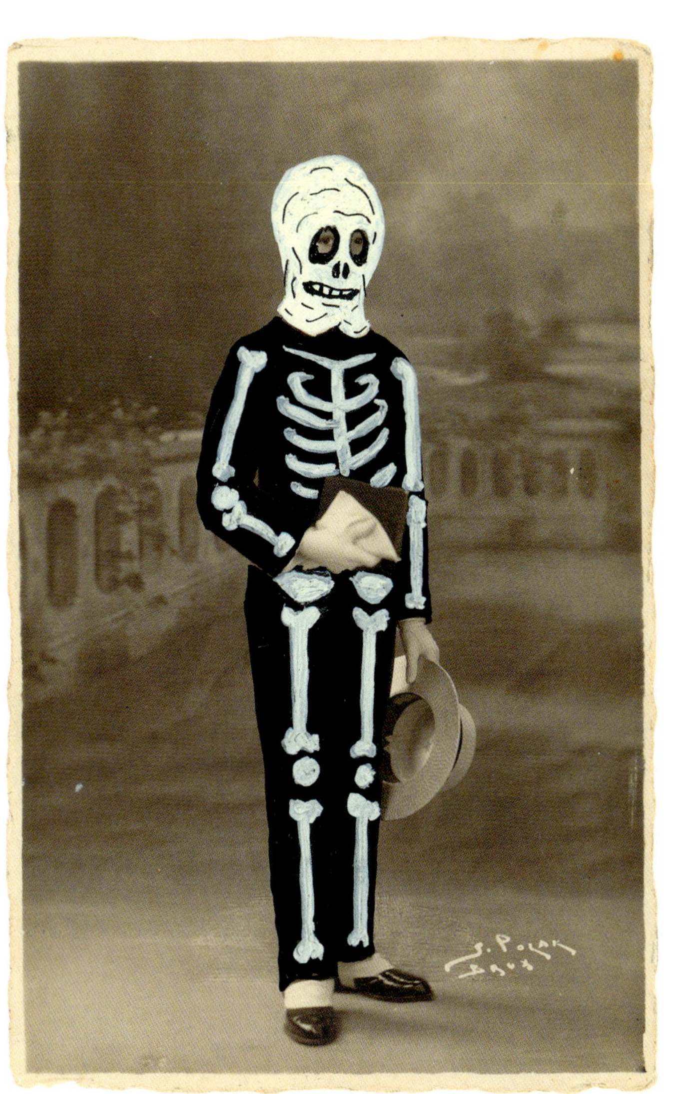
J. POLAK

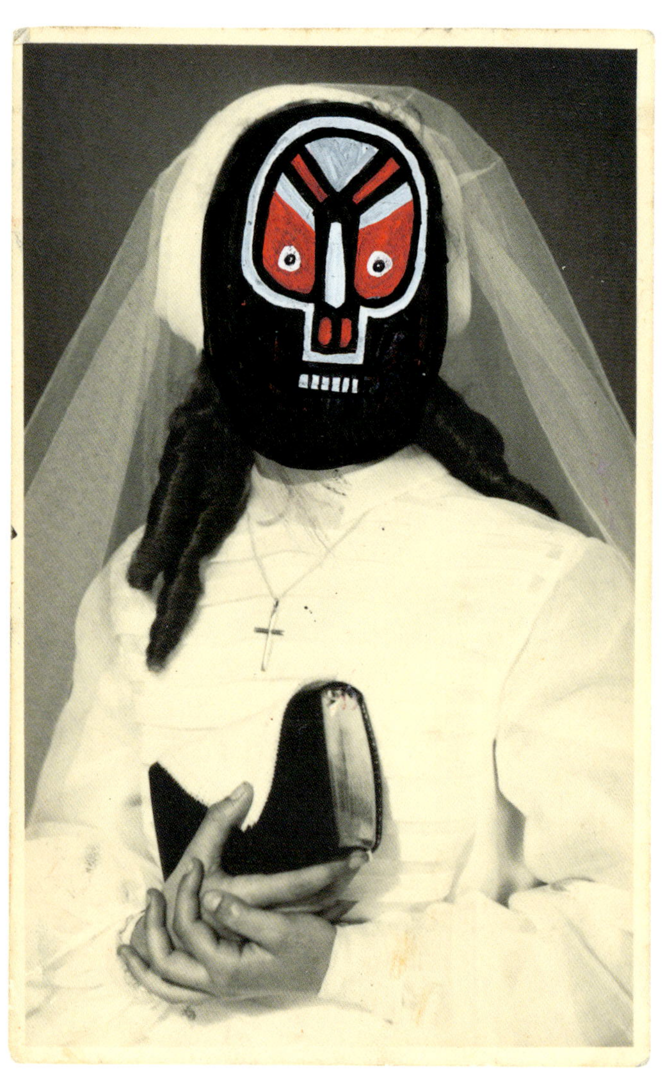

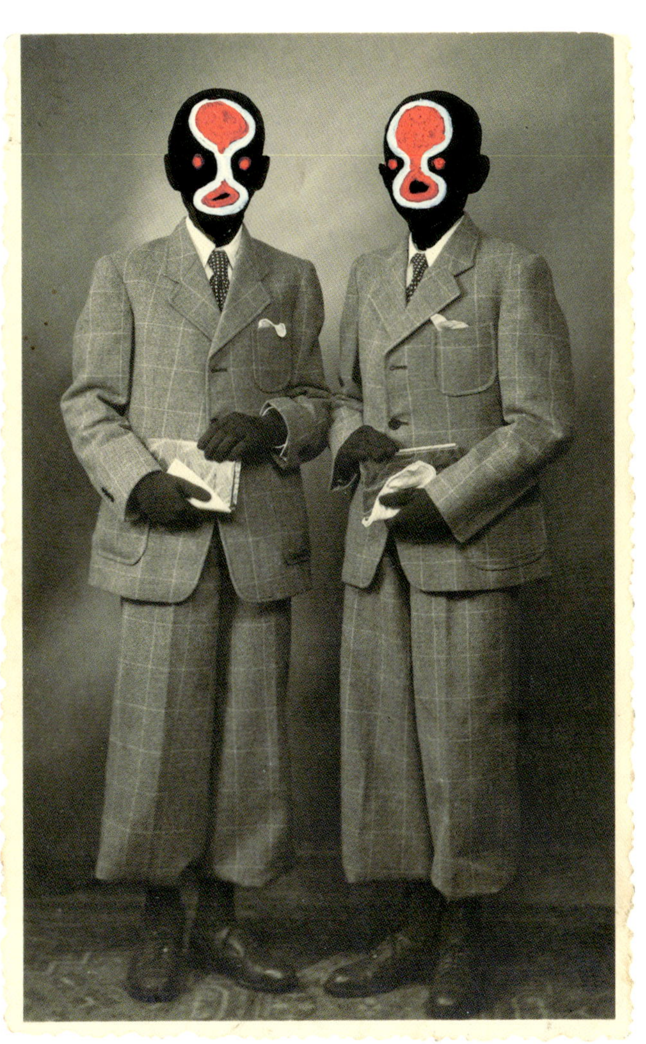

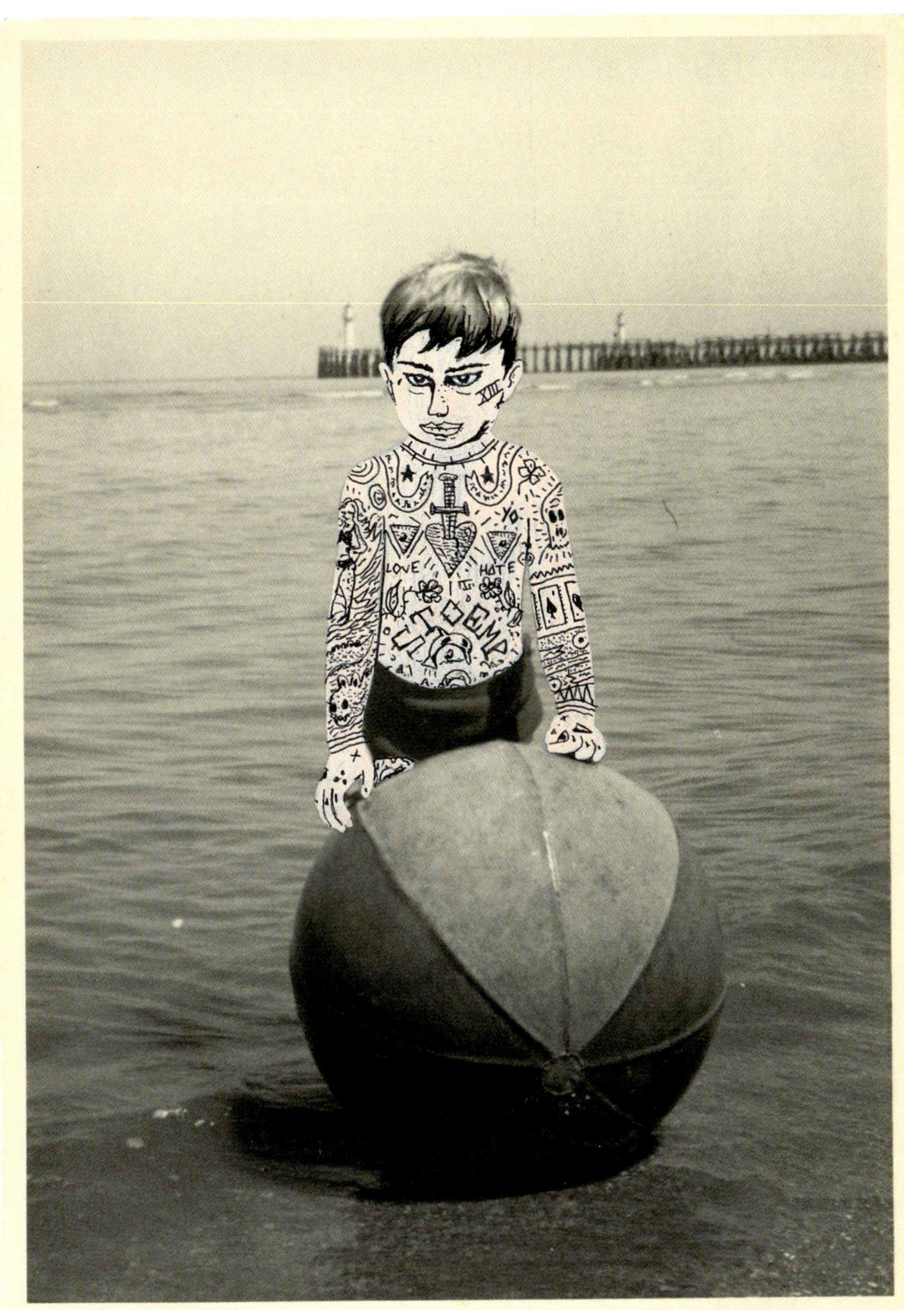
YO
LOVE
HATE

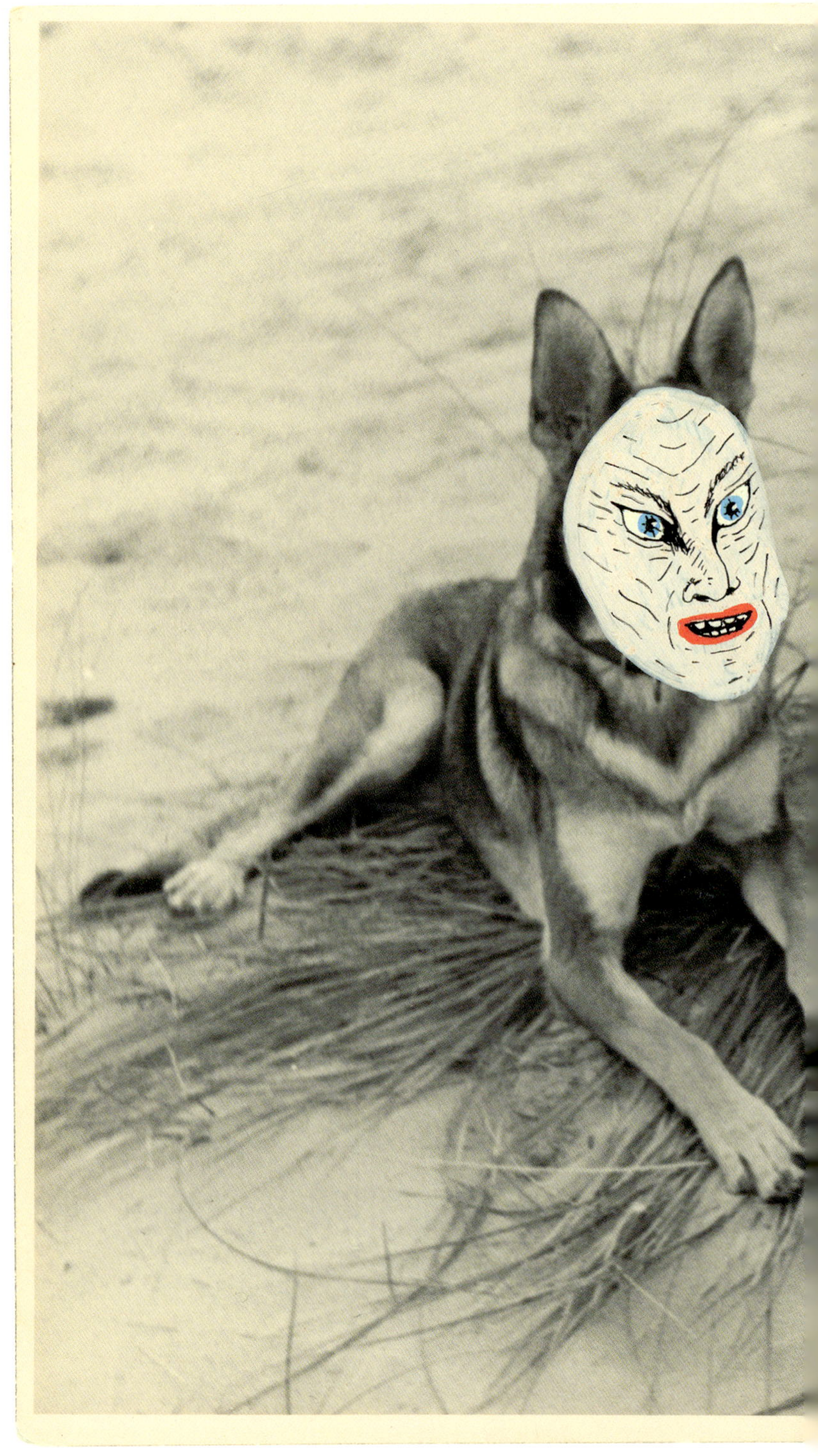

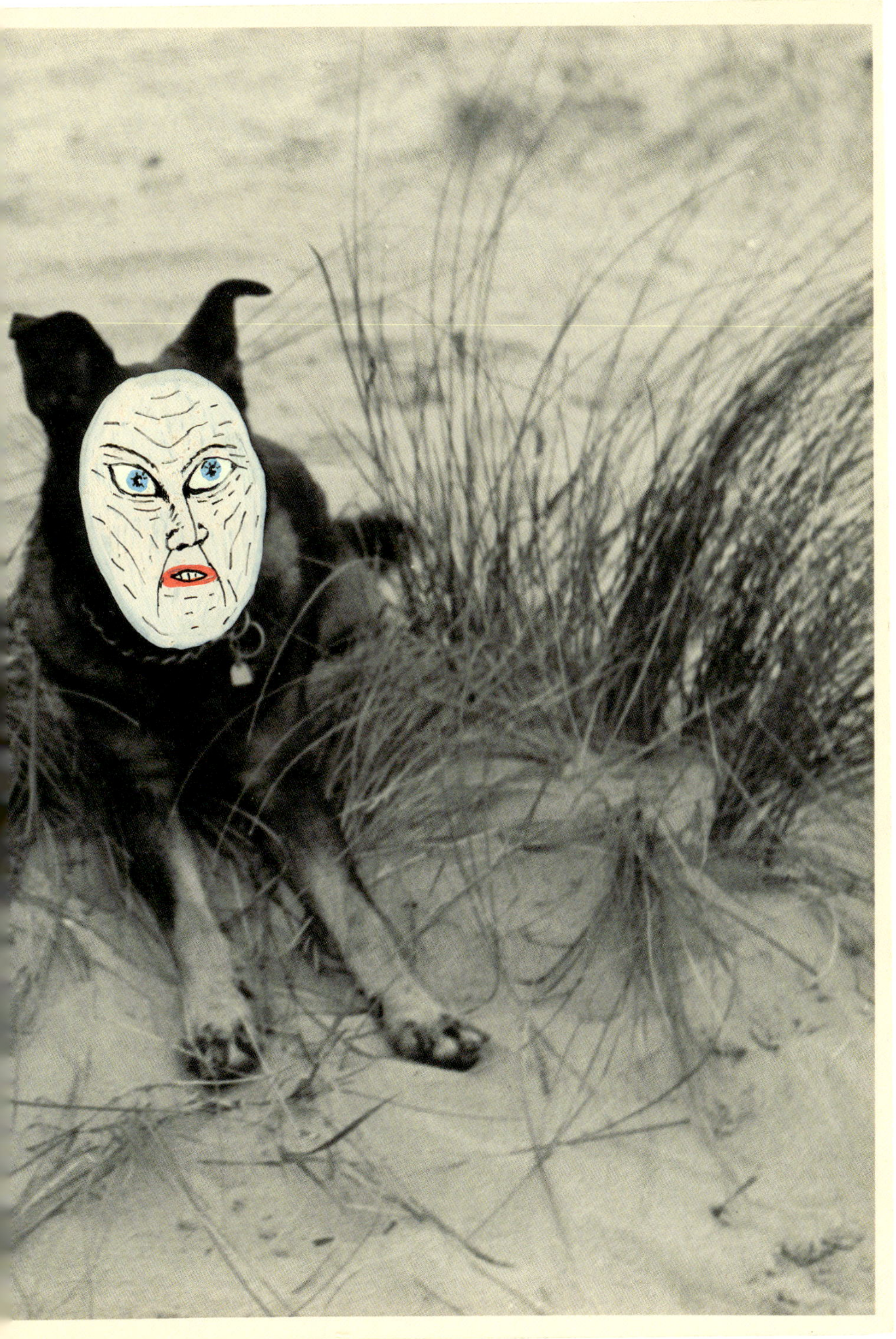

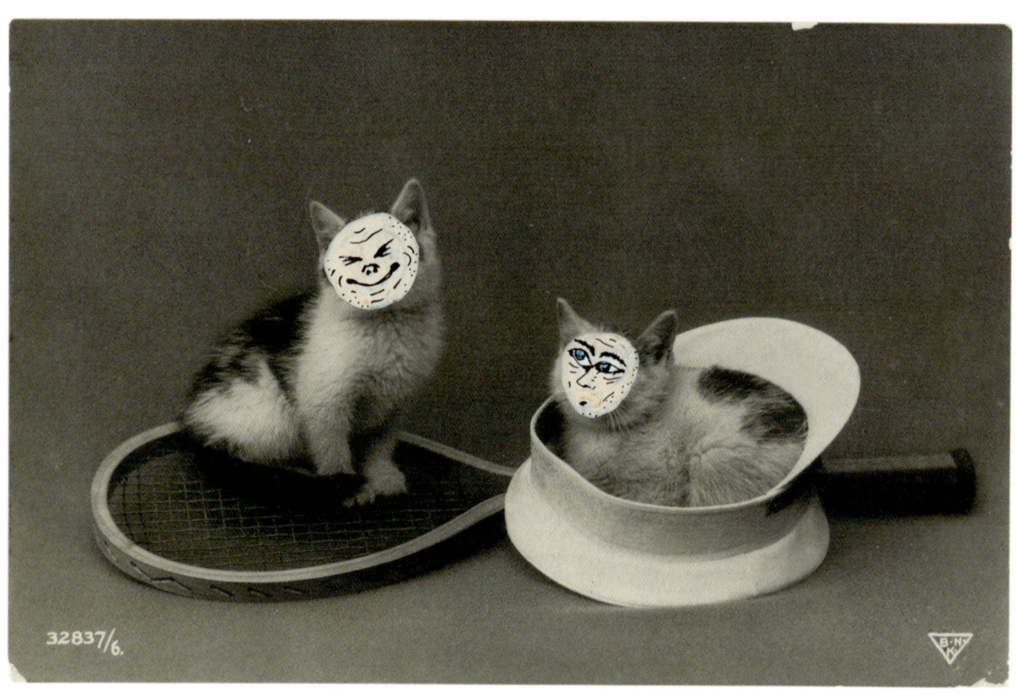
32837/6.

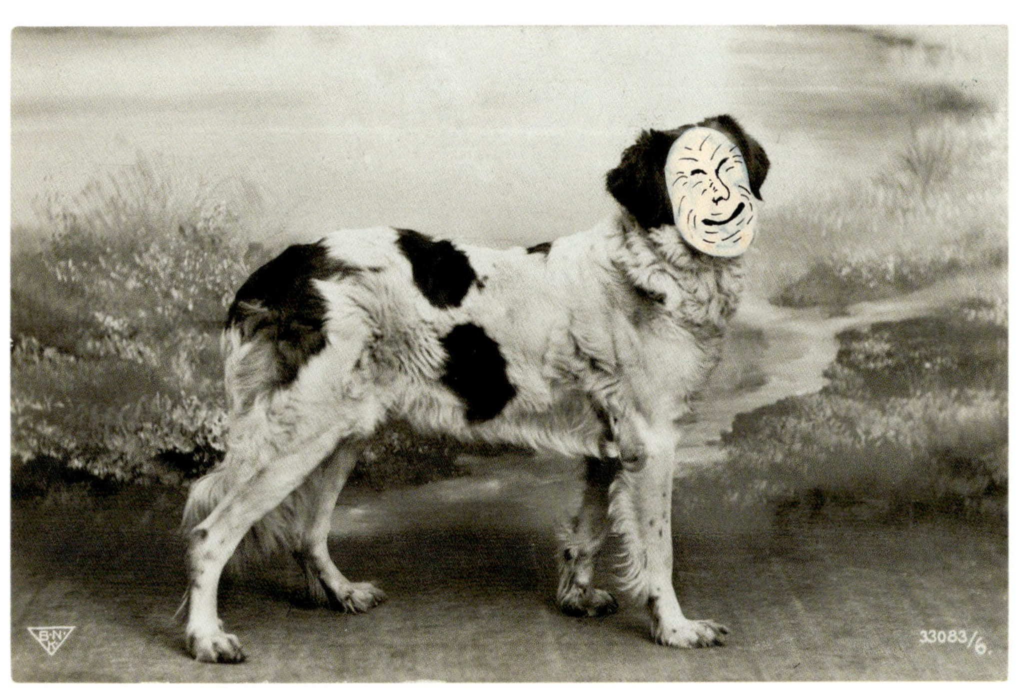
33083/6.

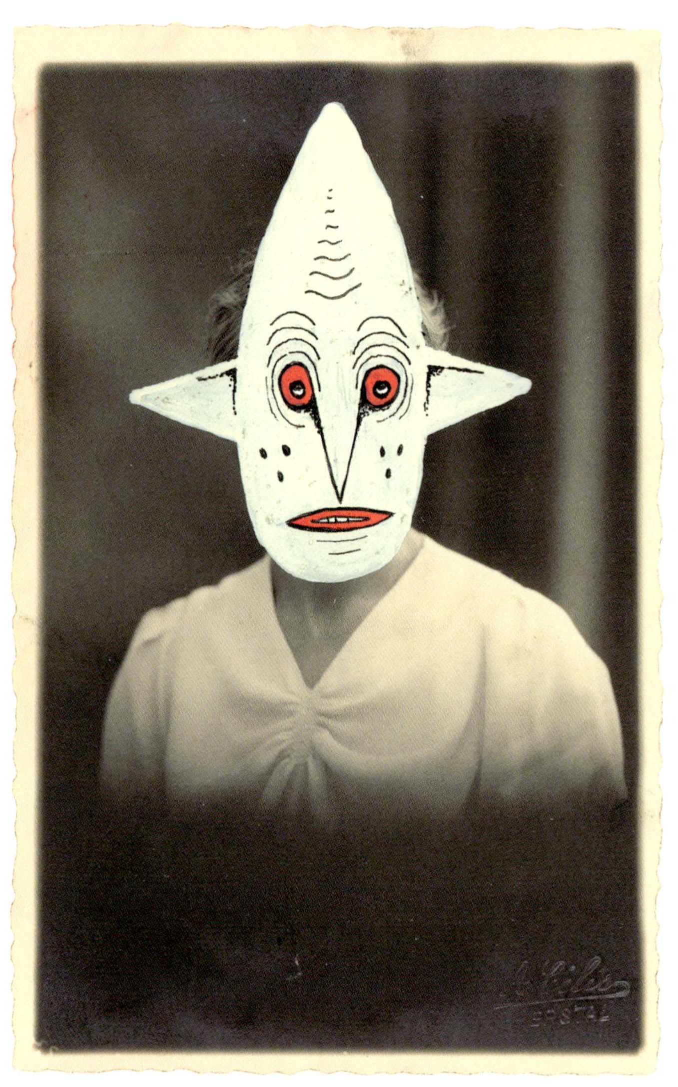

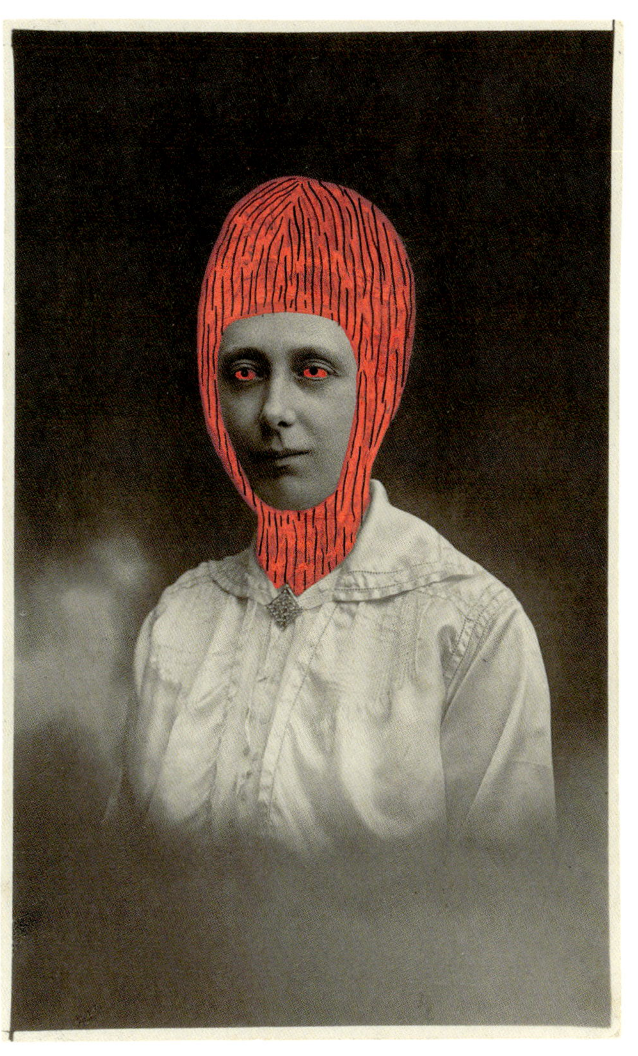

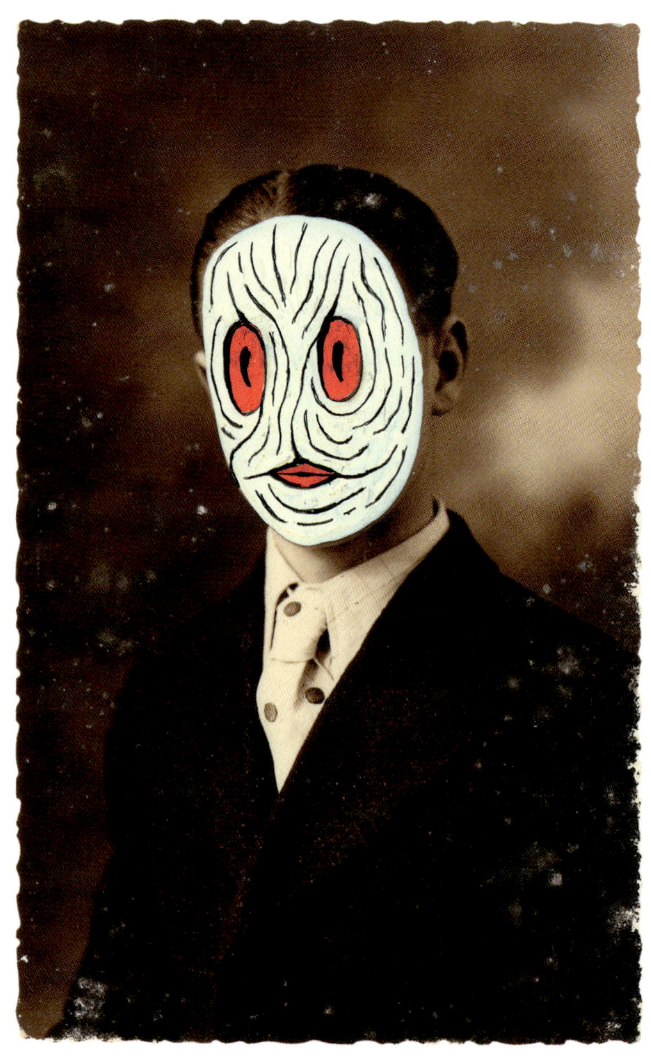

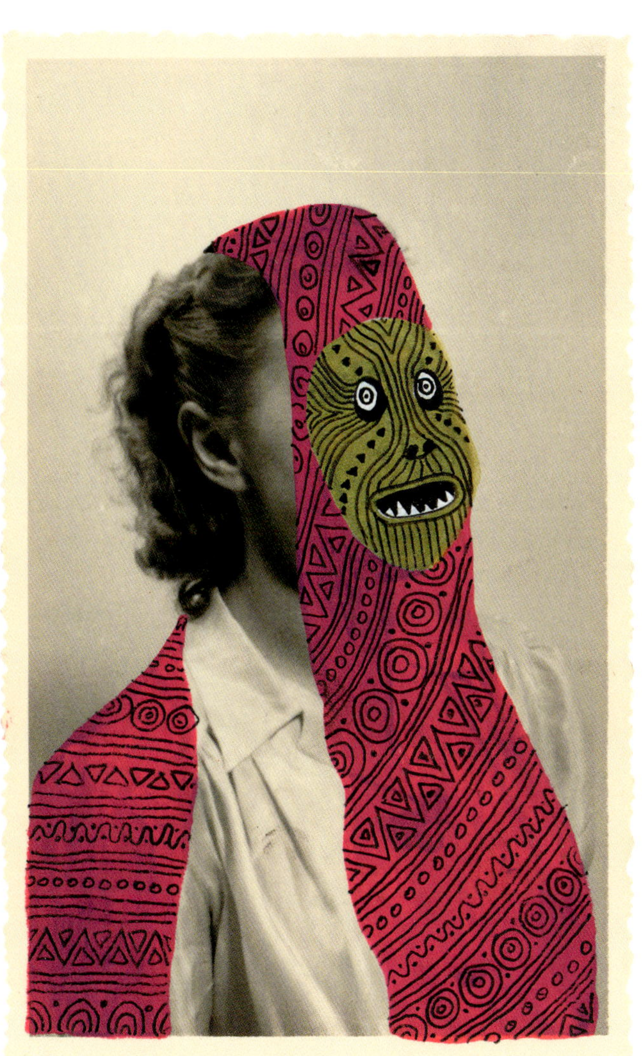

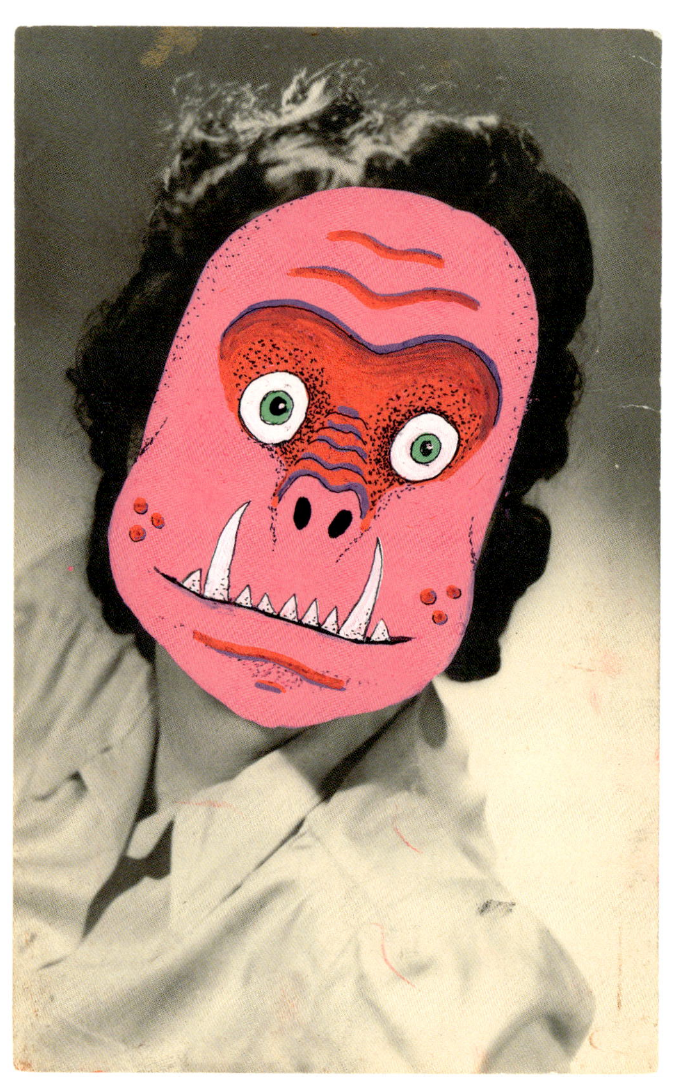

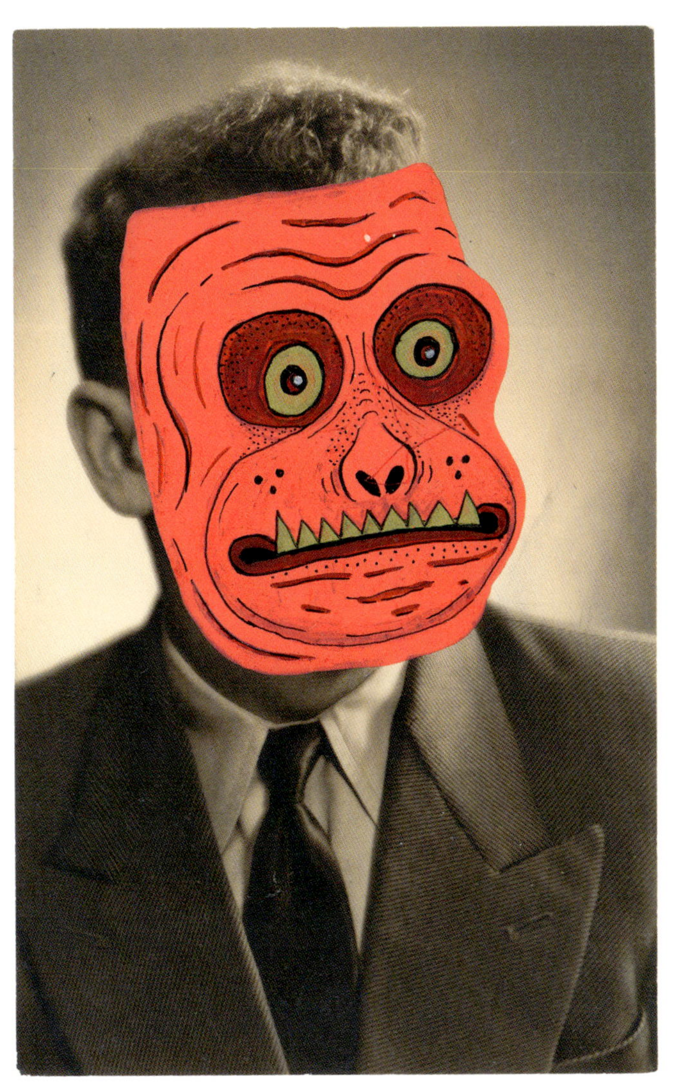

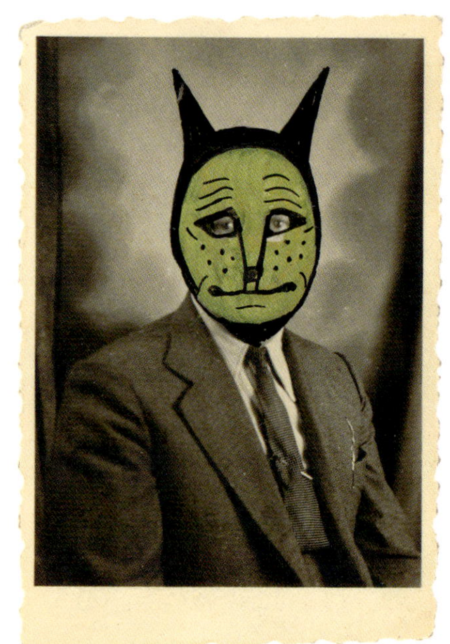

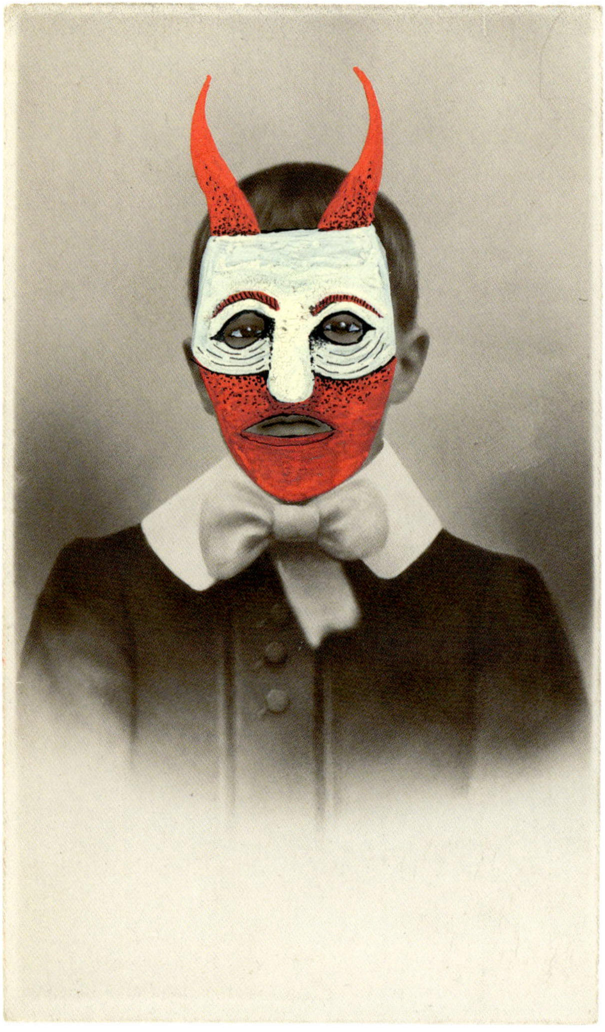

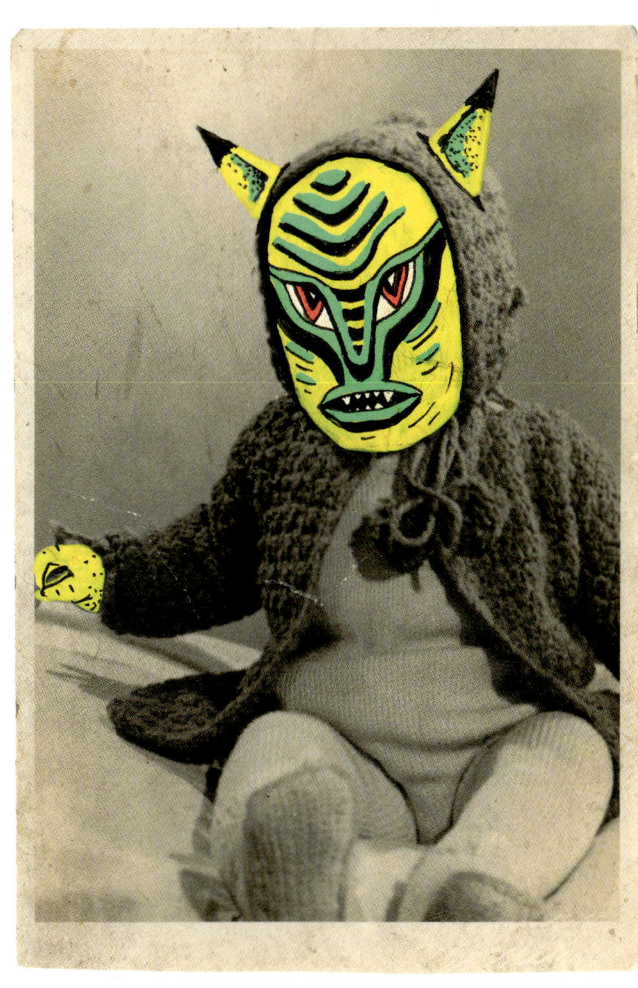

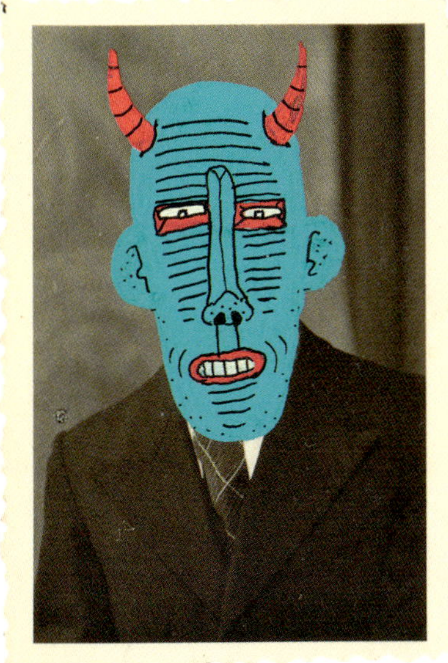

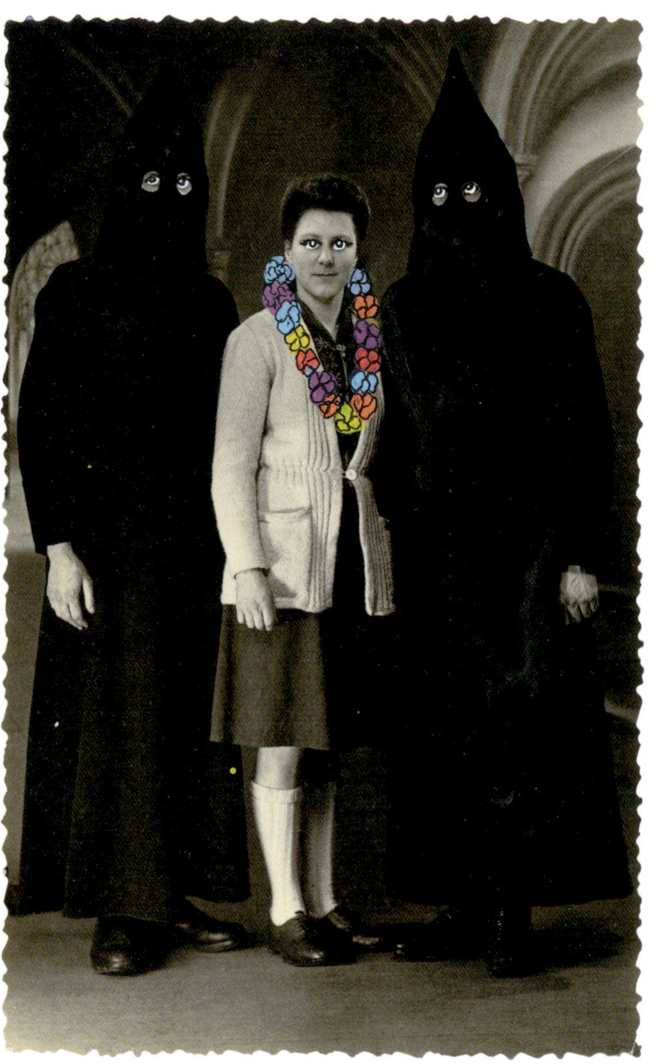

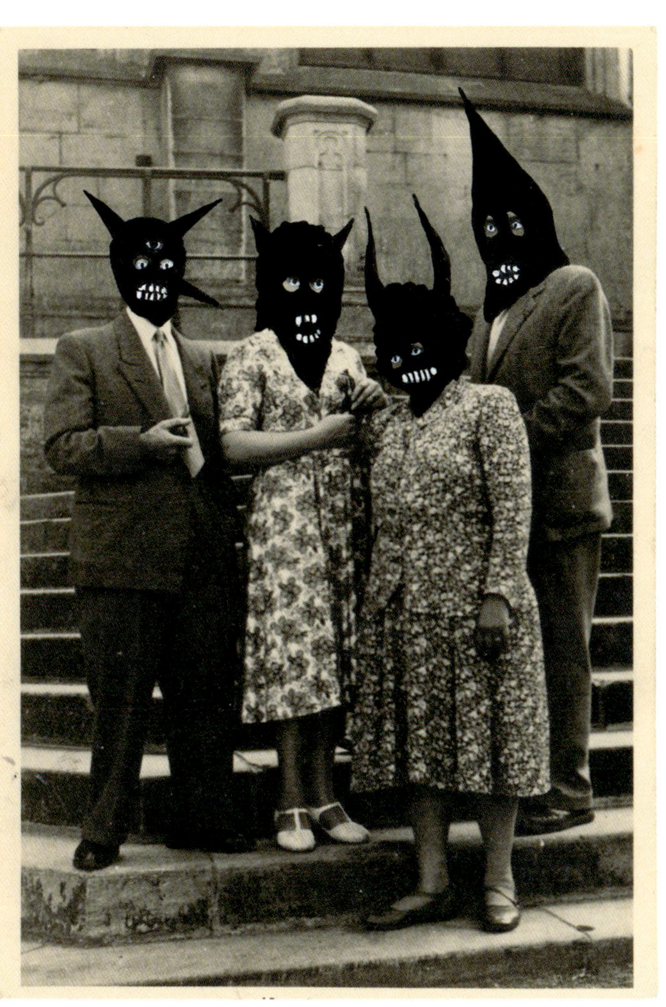

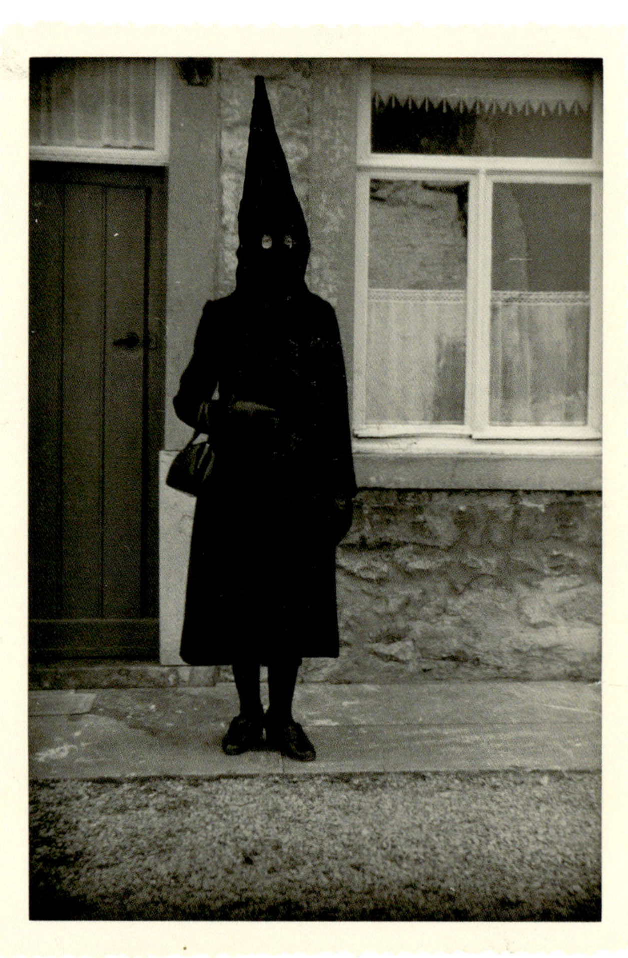

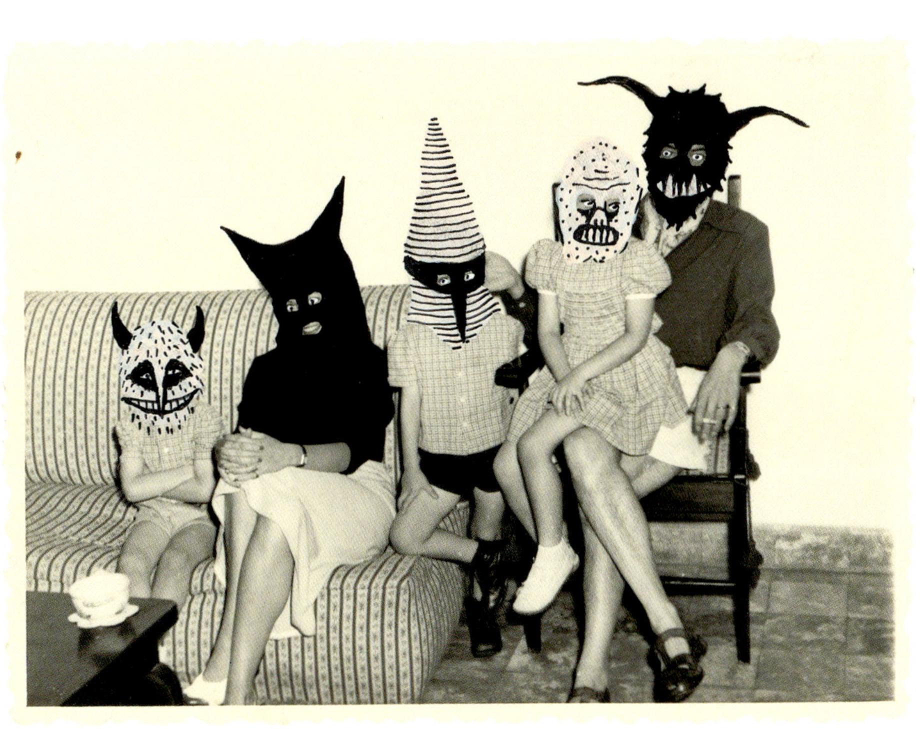

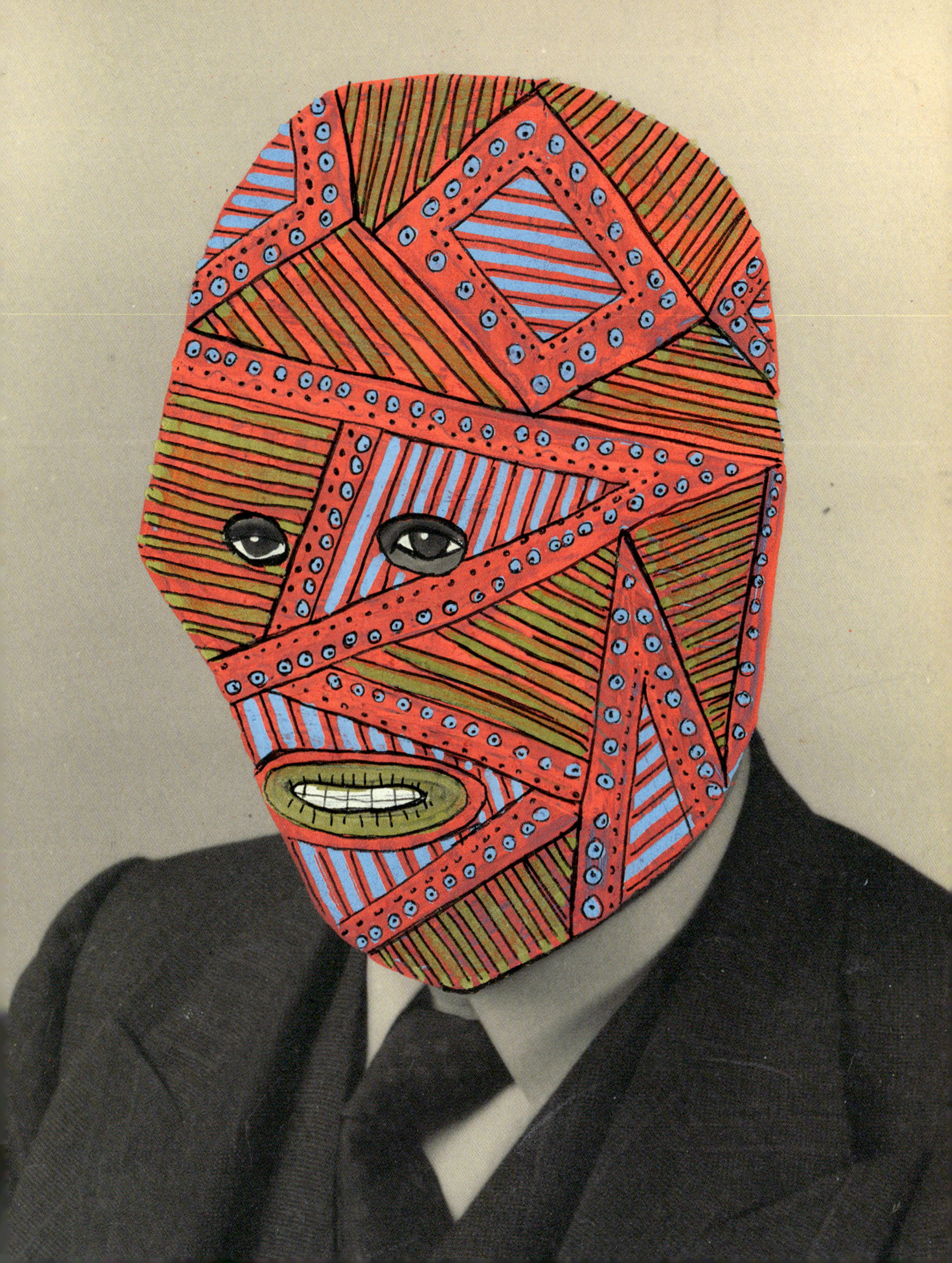

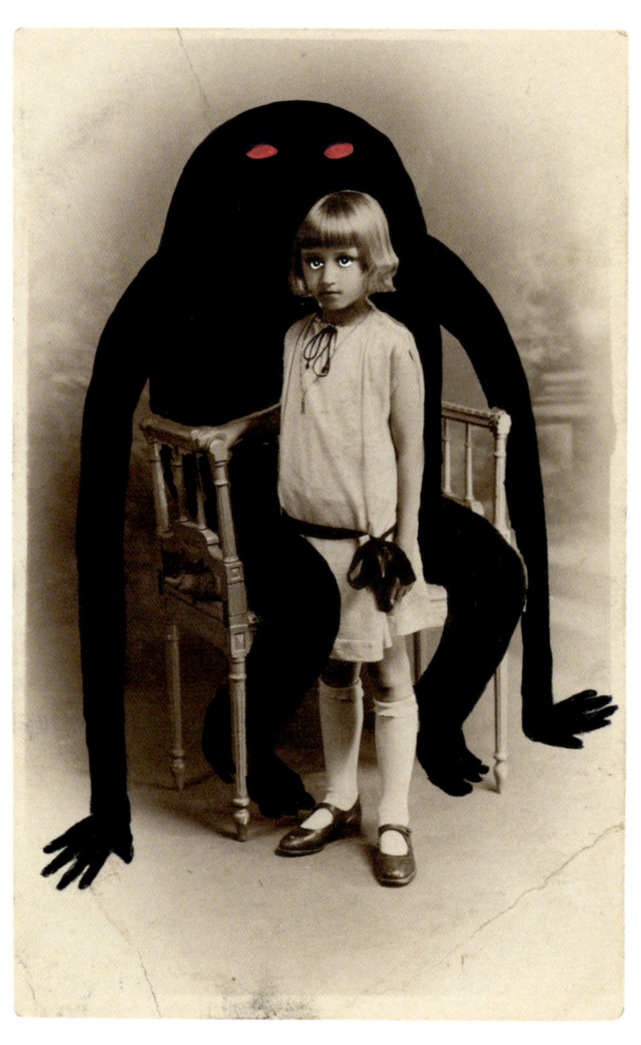

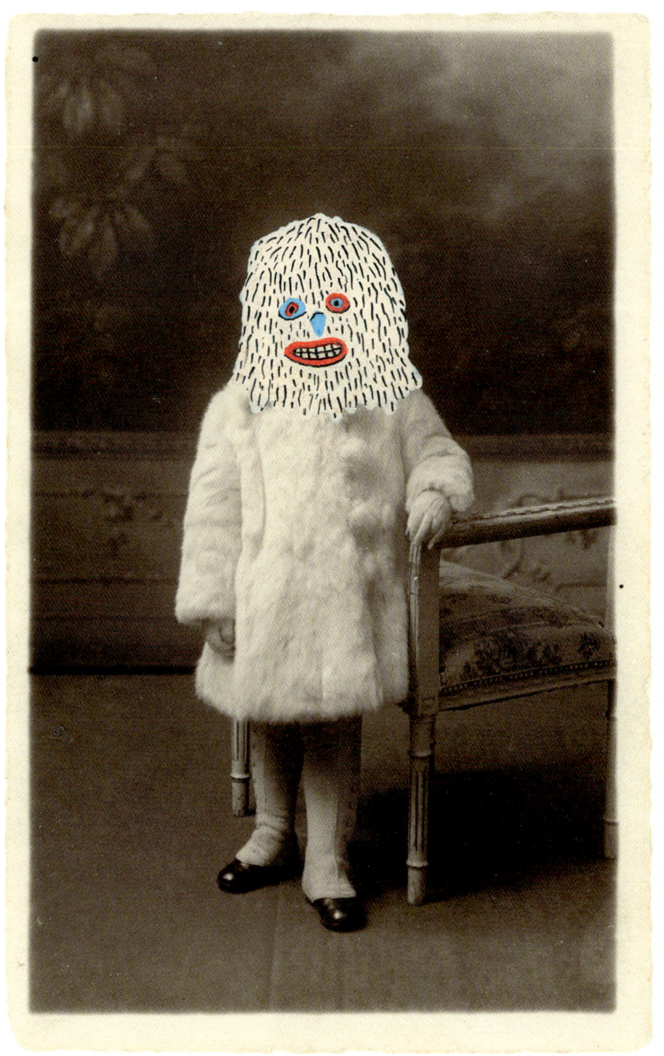

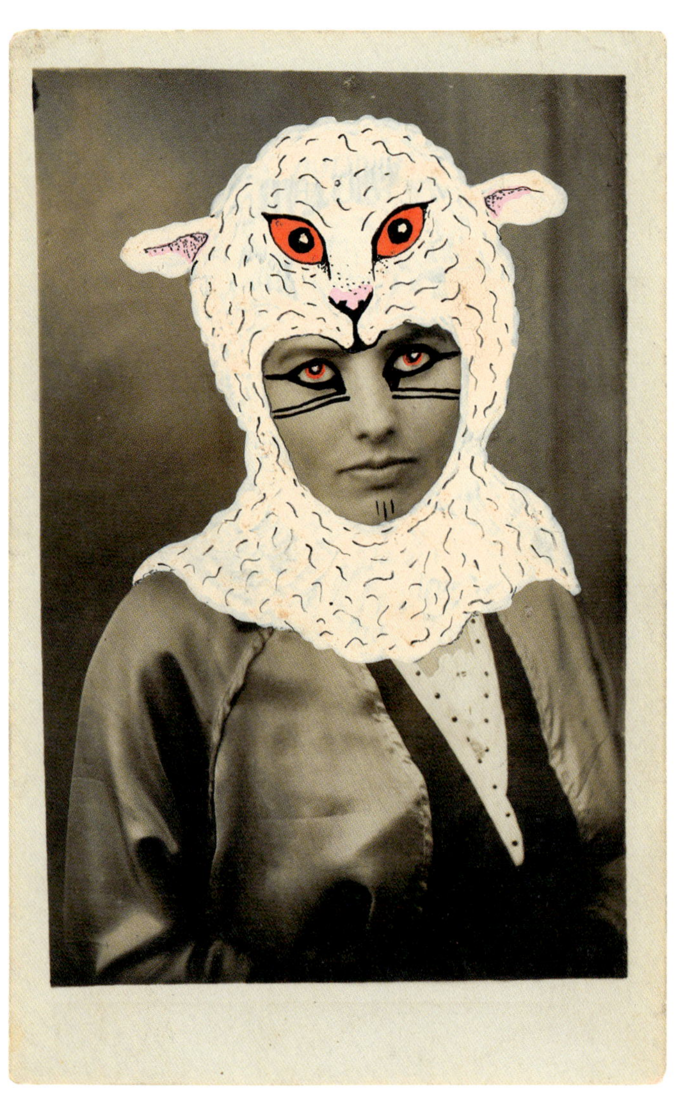

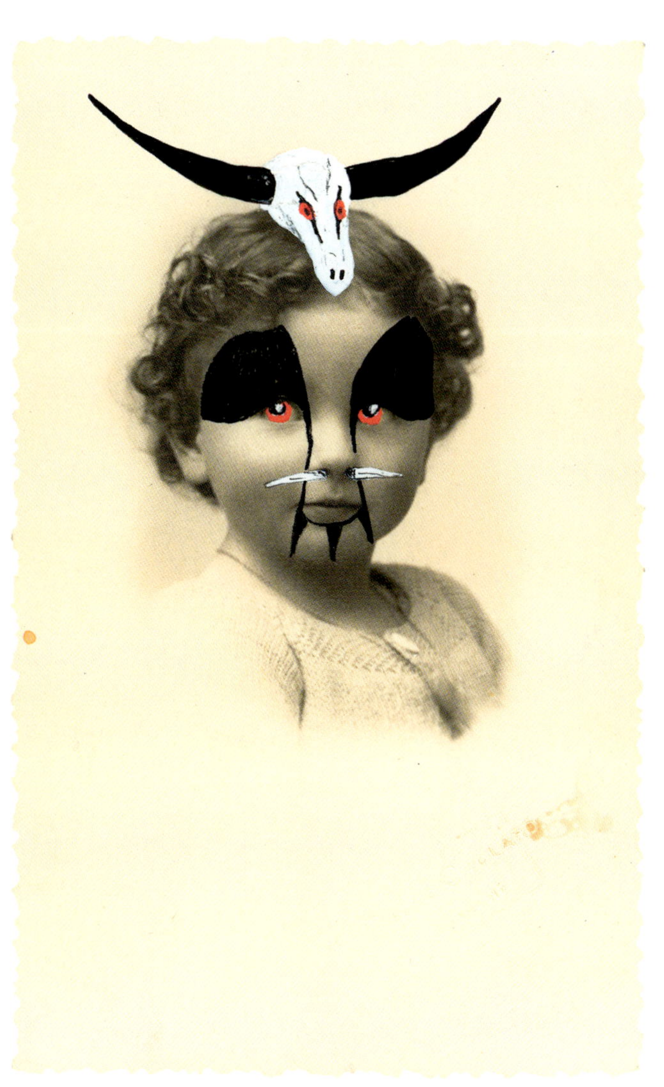

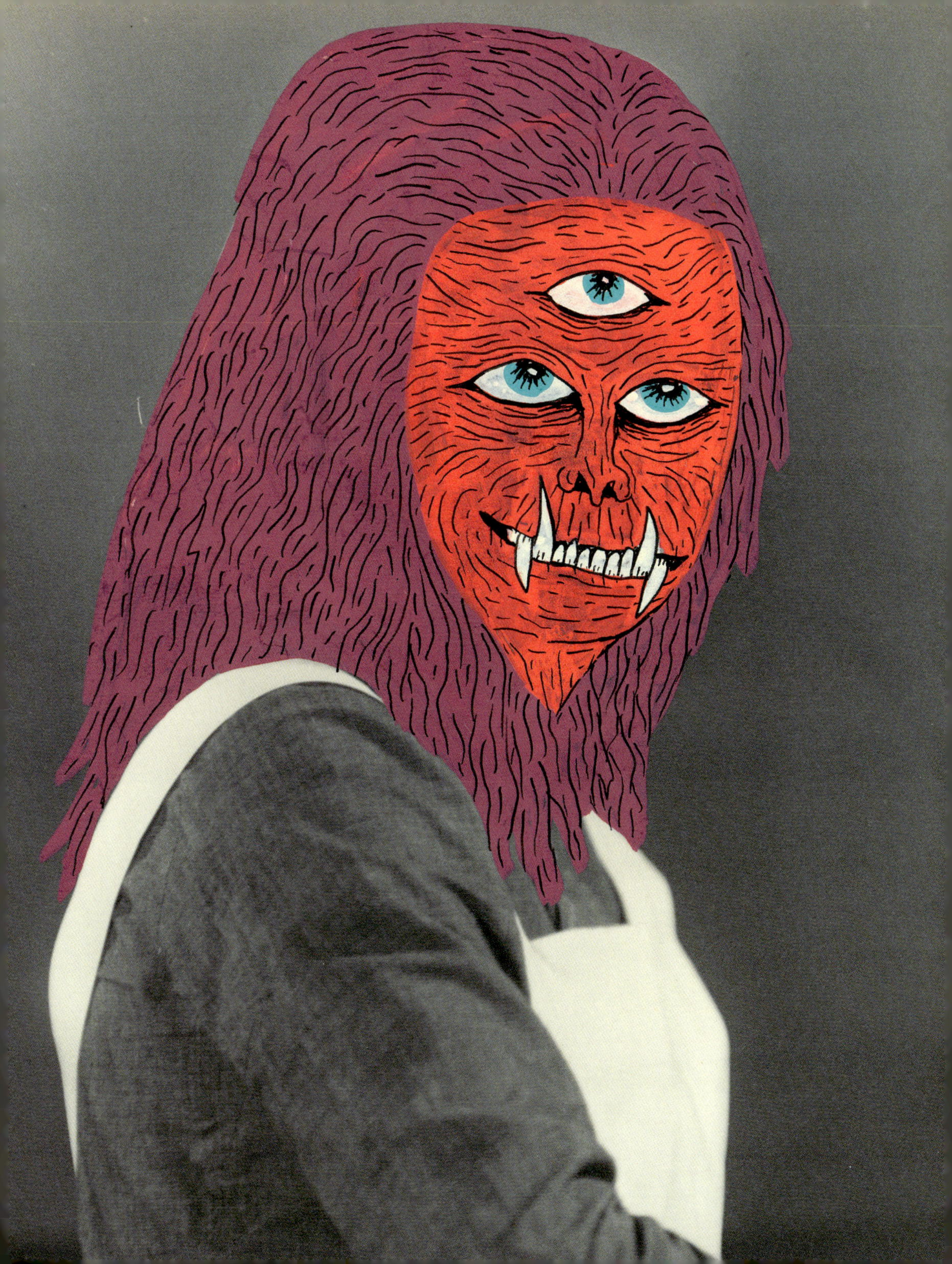

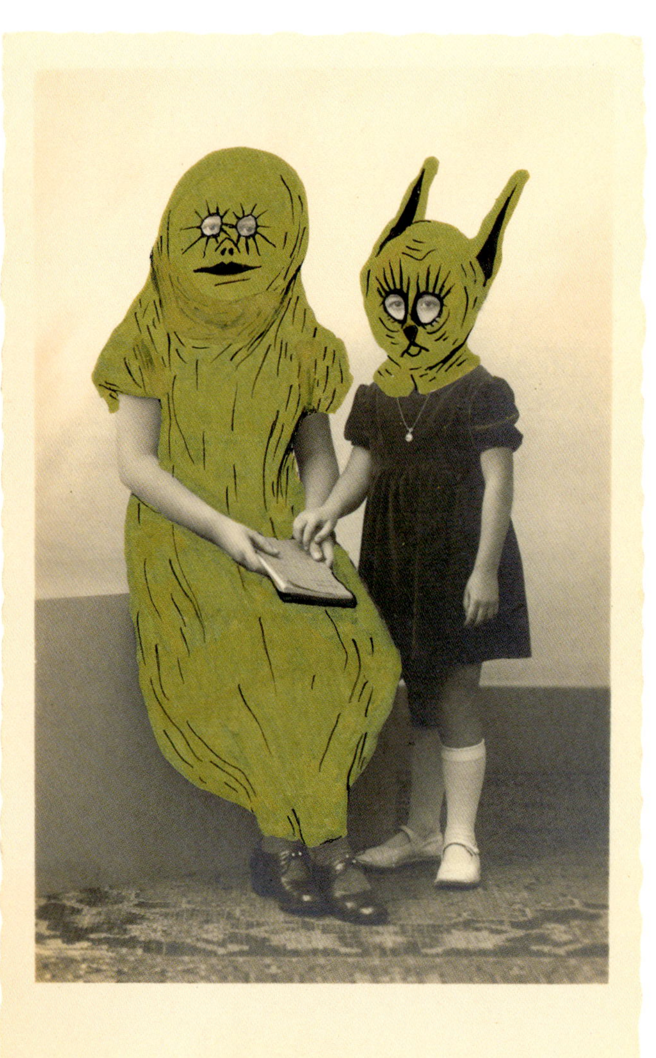

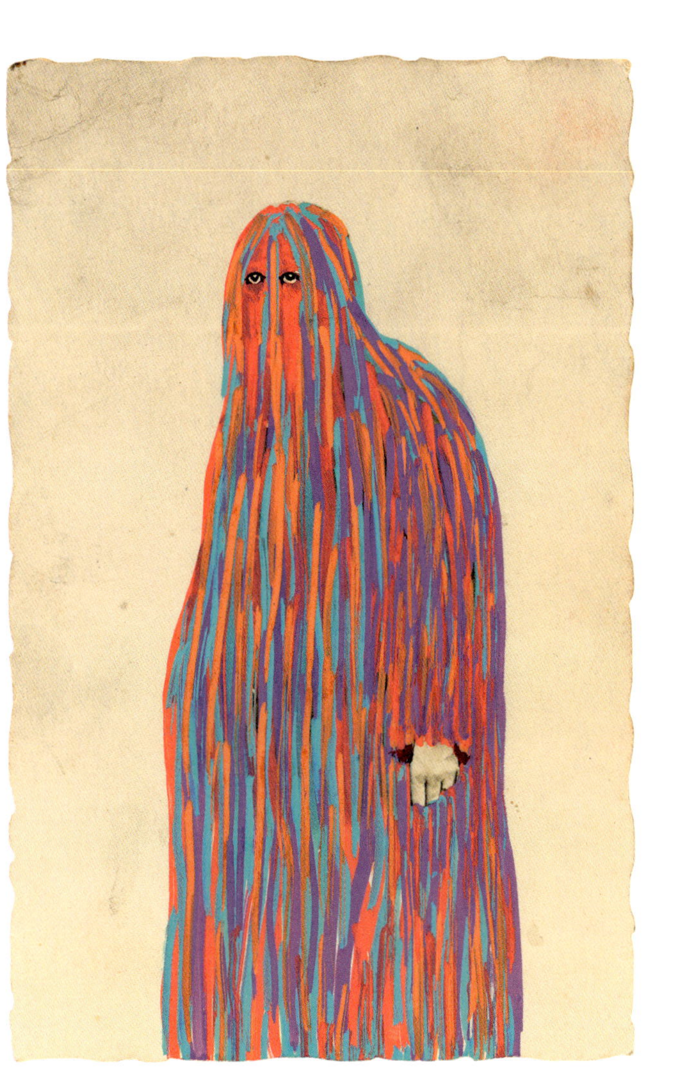

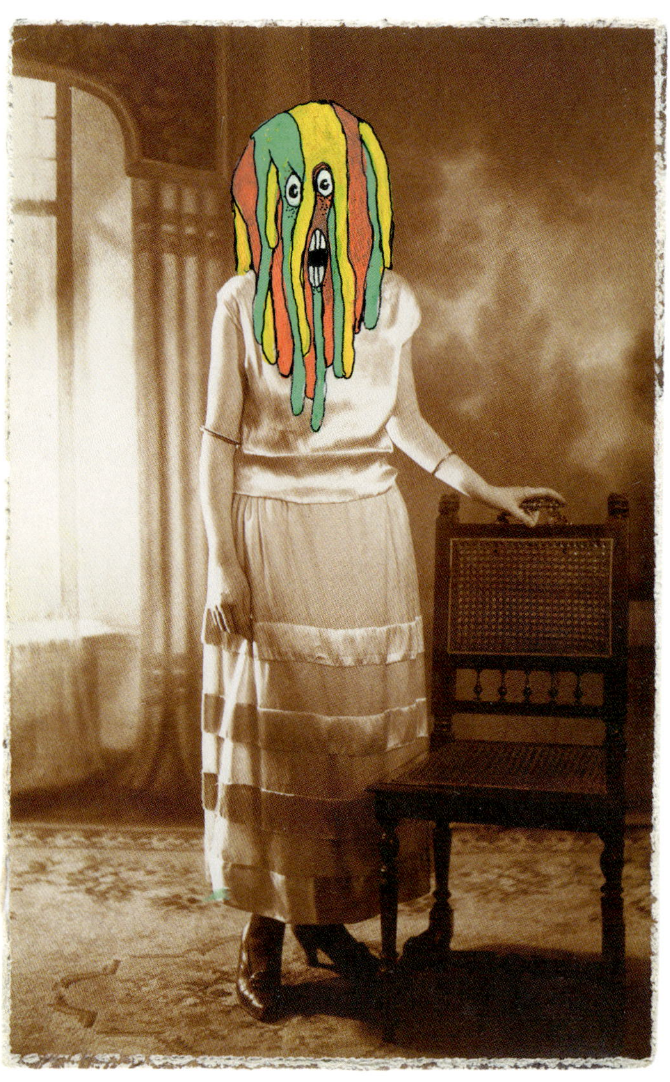

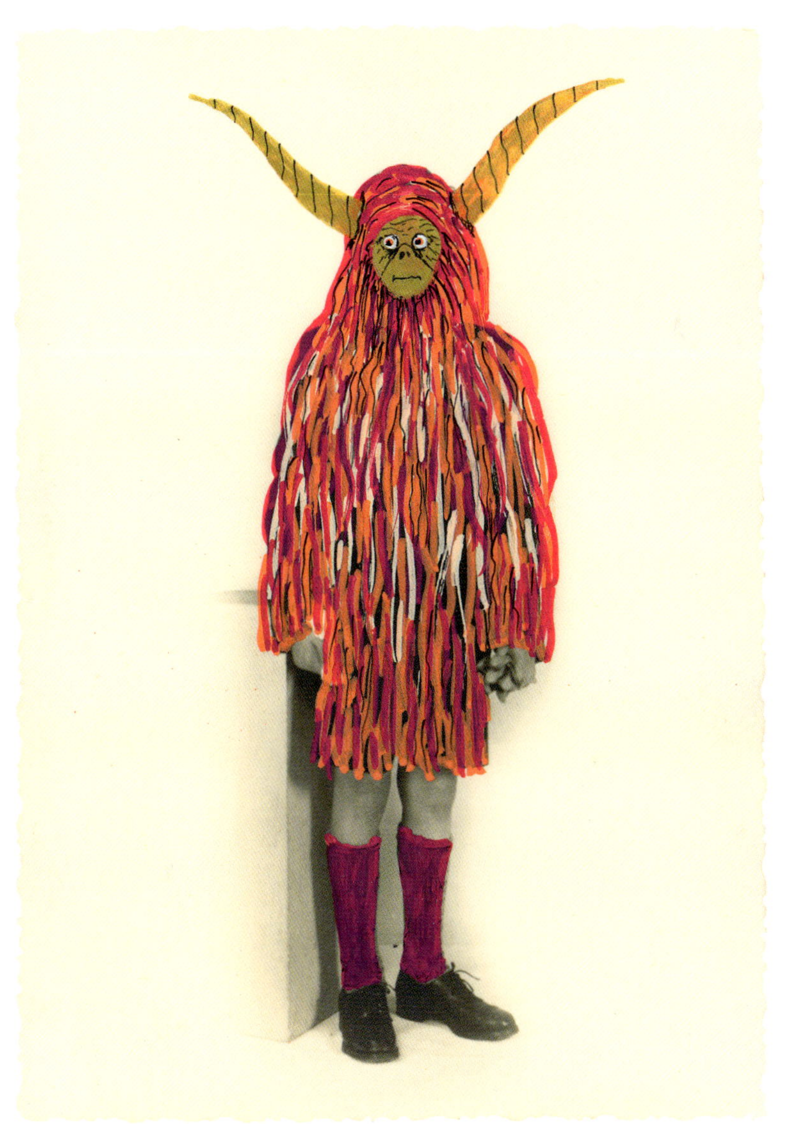

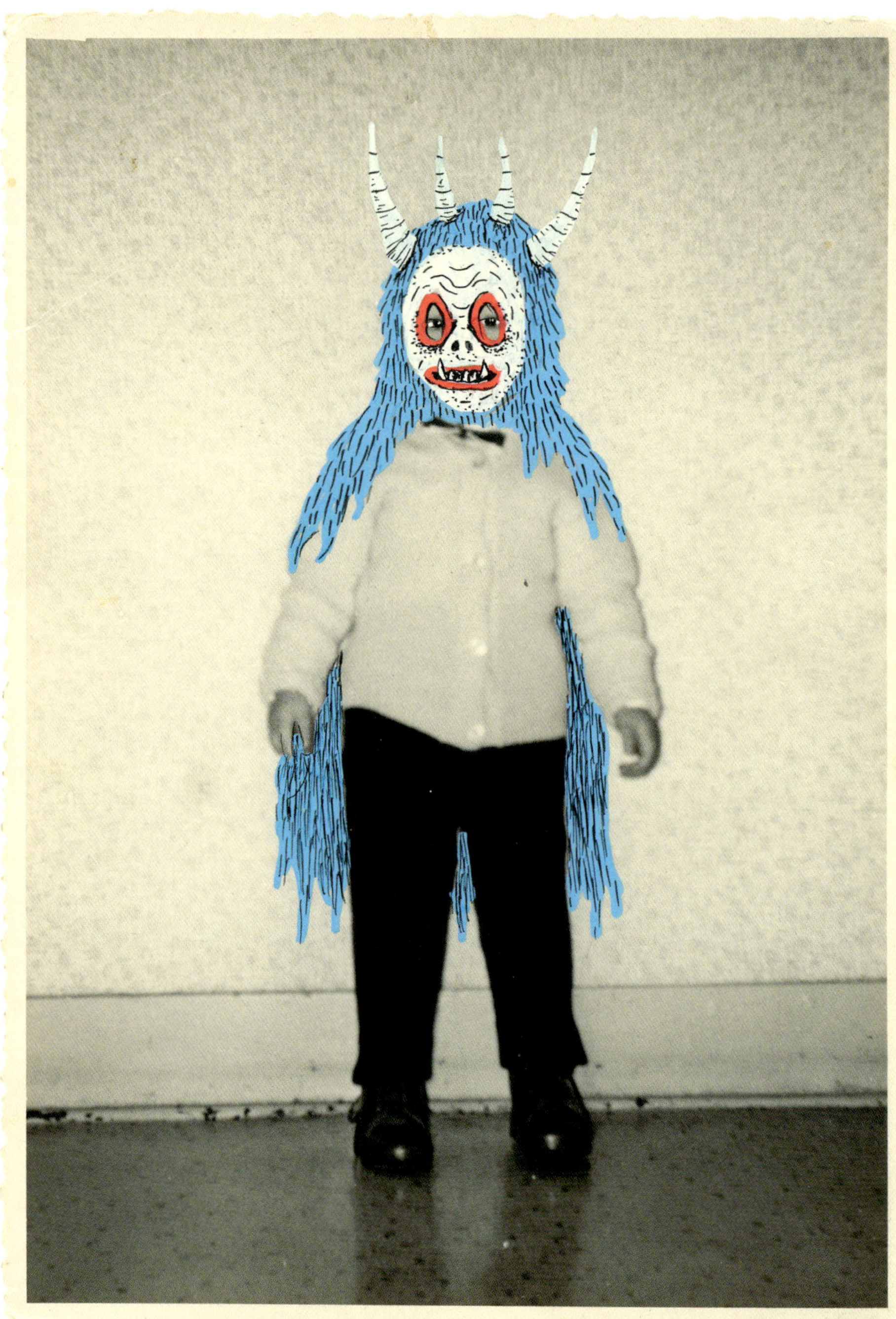

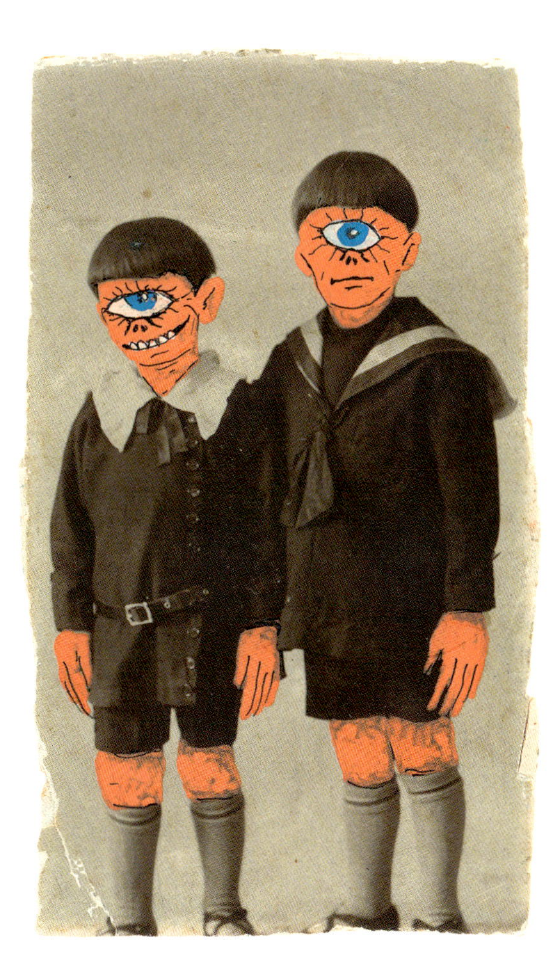

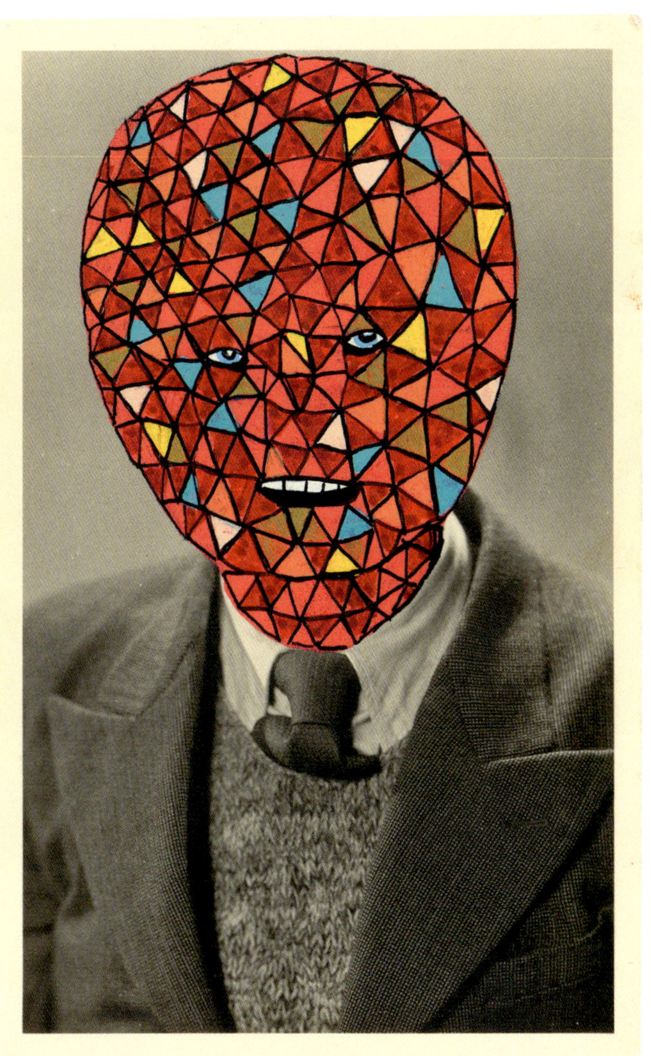

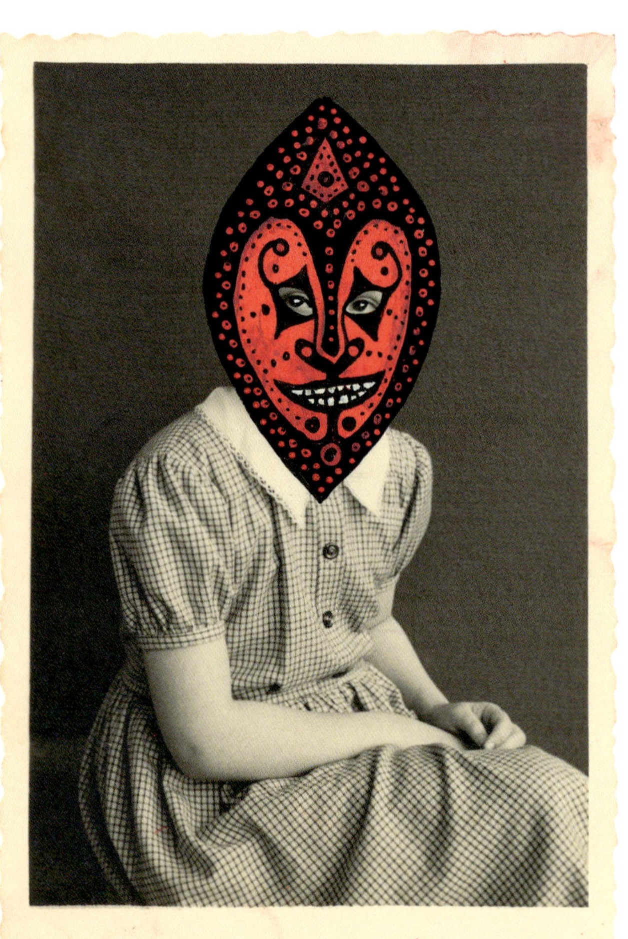

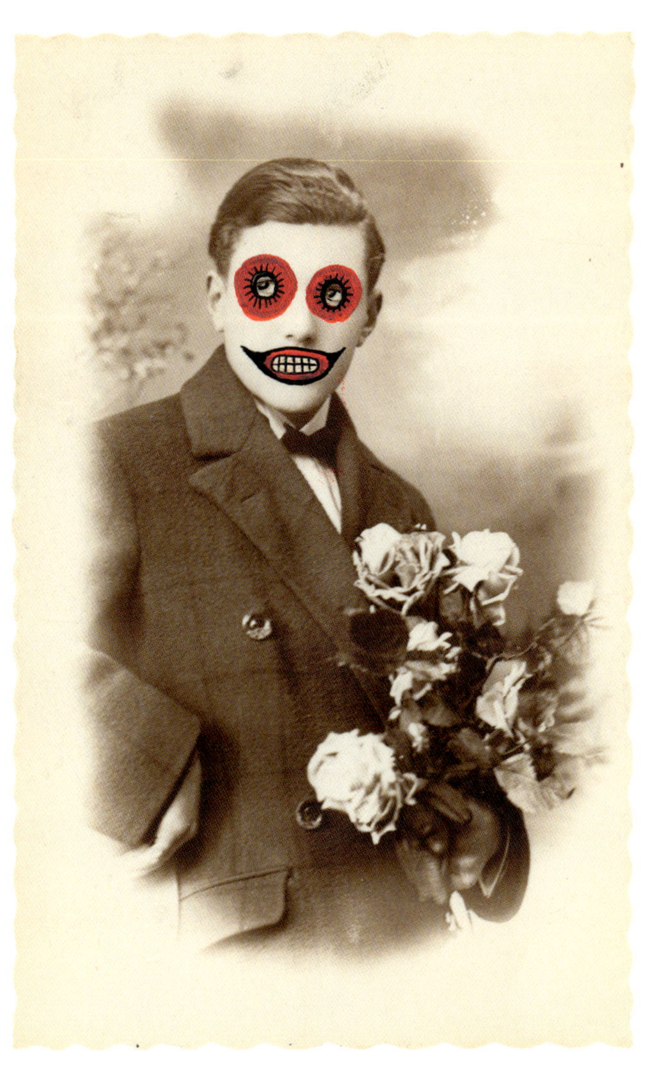

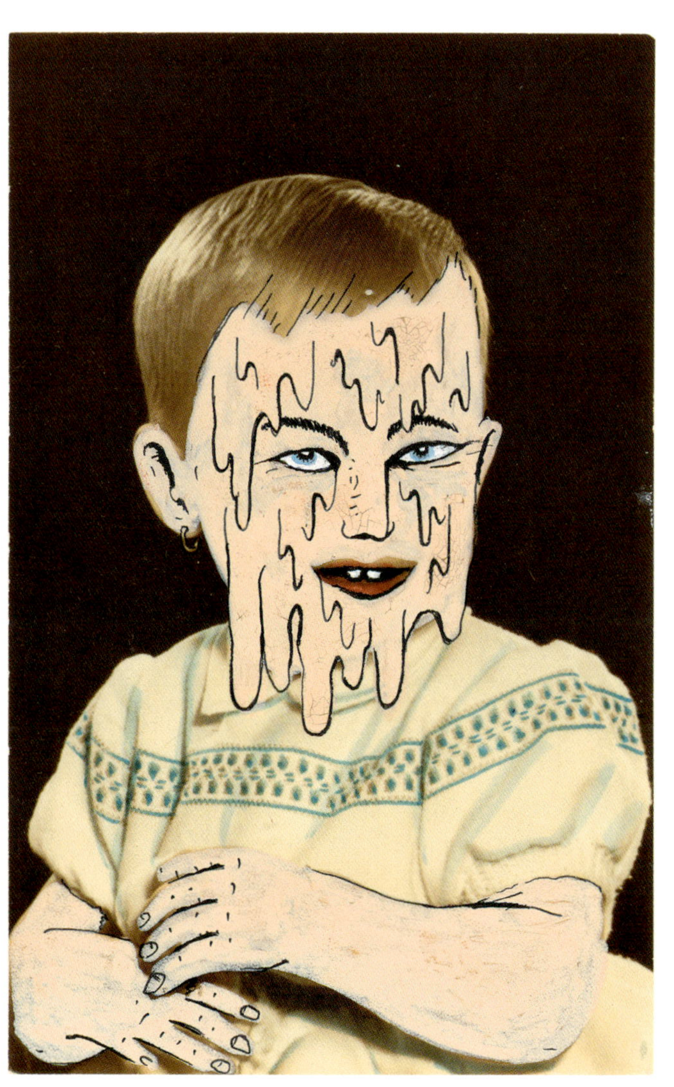

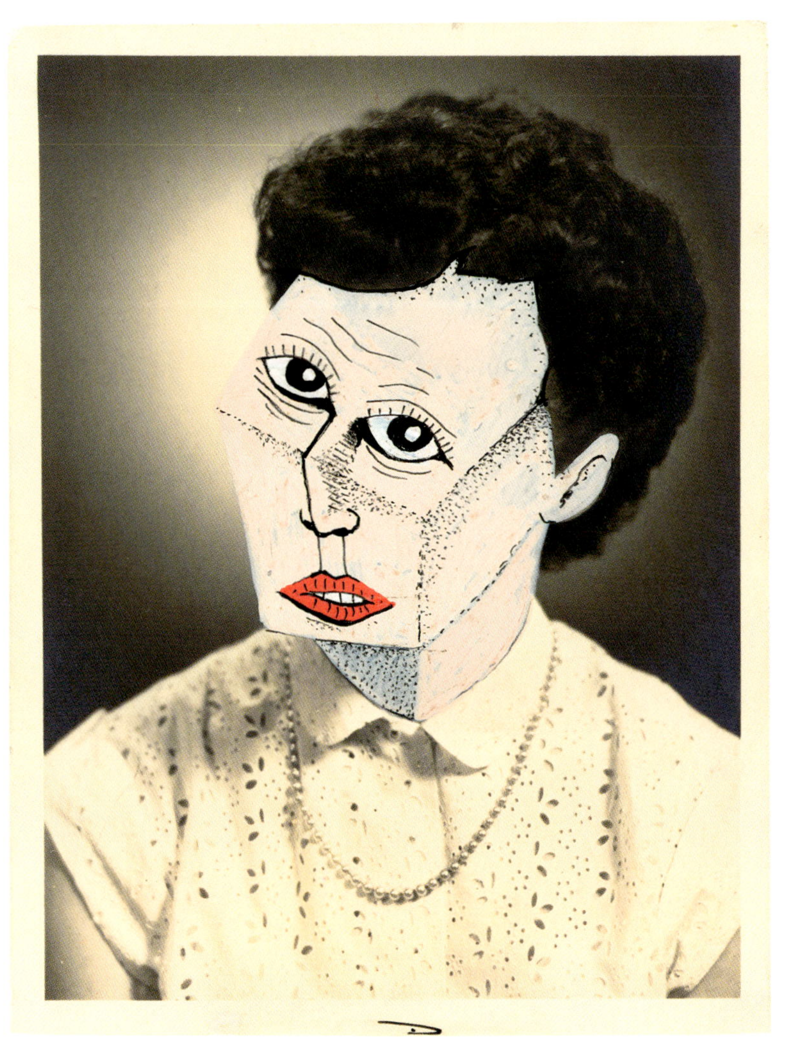

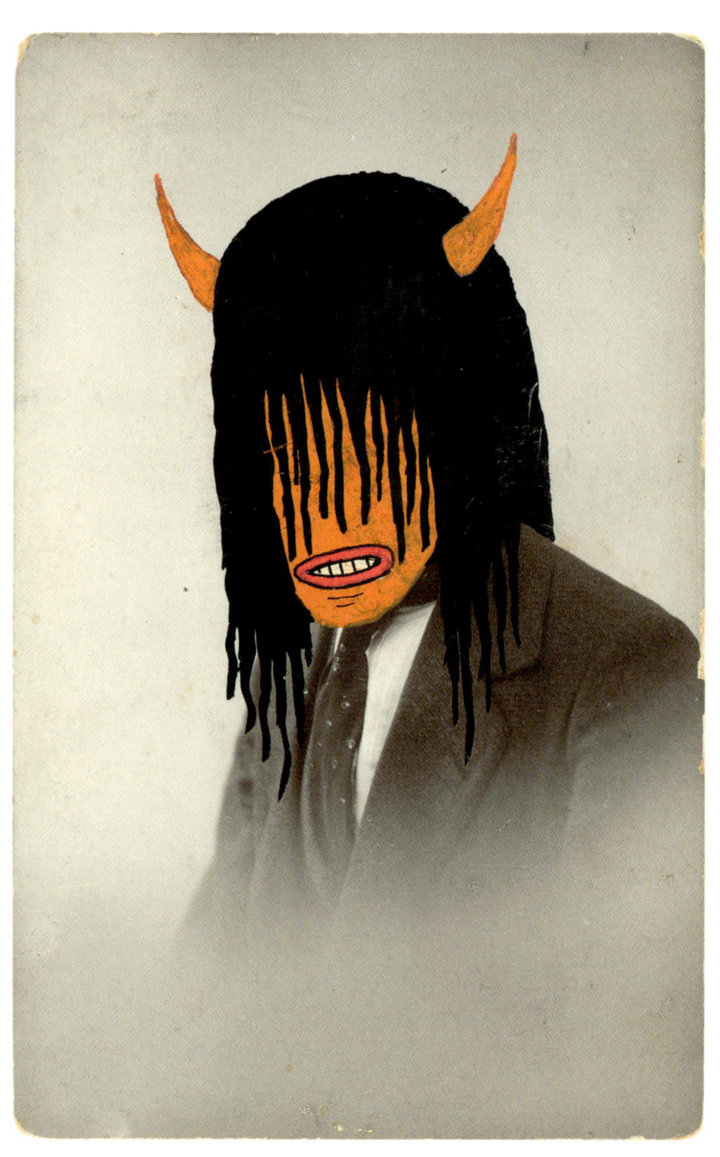

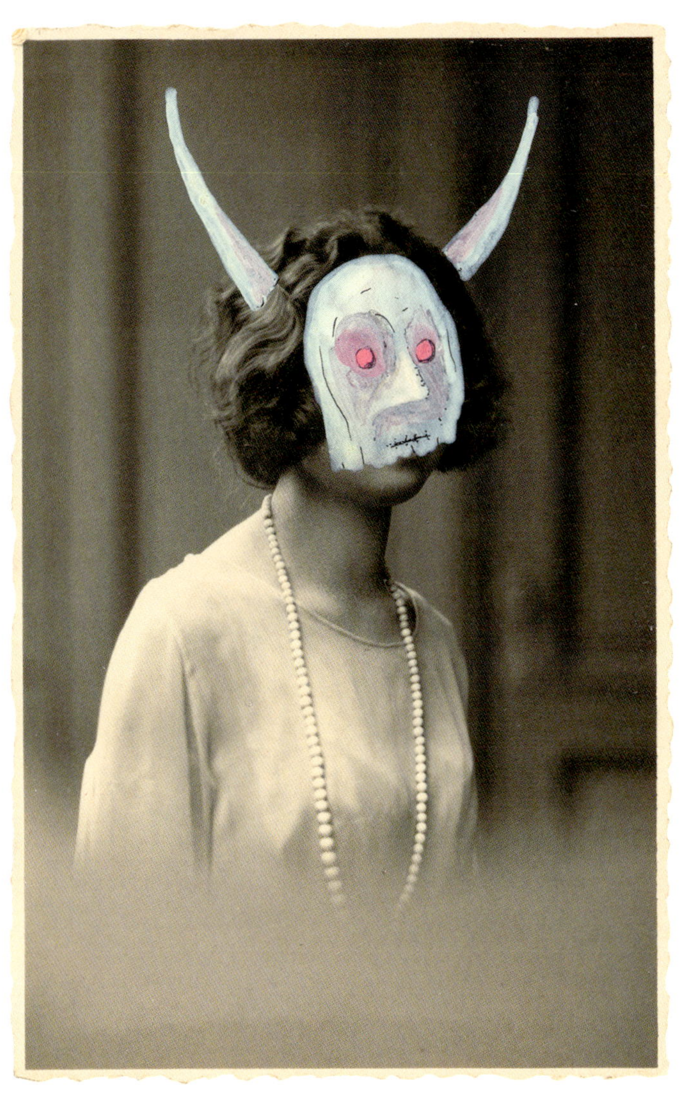

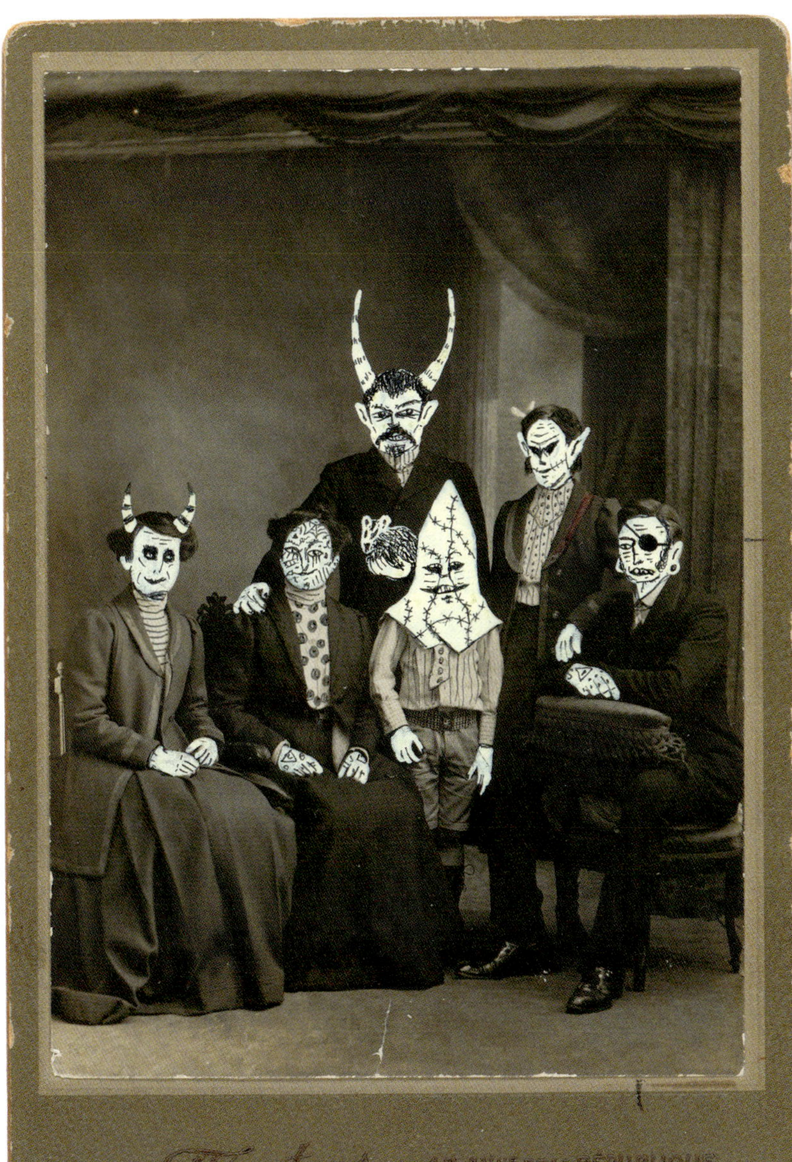
Otto Mertens
AV.ue DE LA RÉPUBLIQUE
PARIS

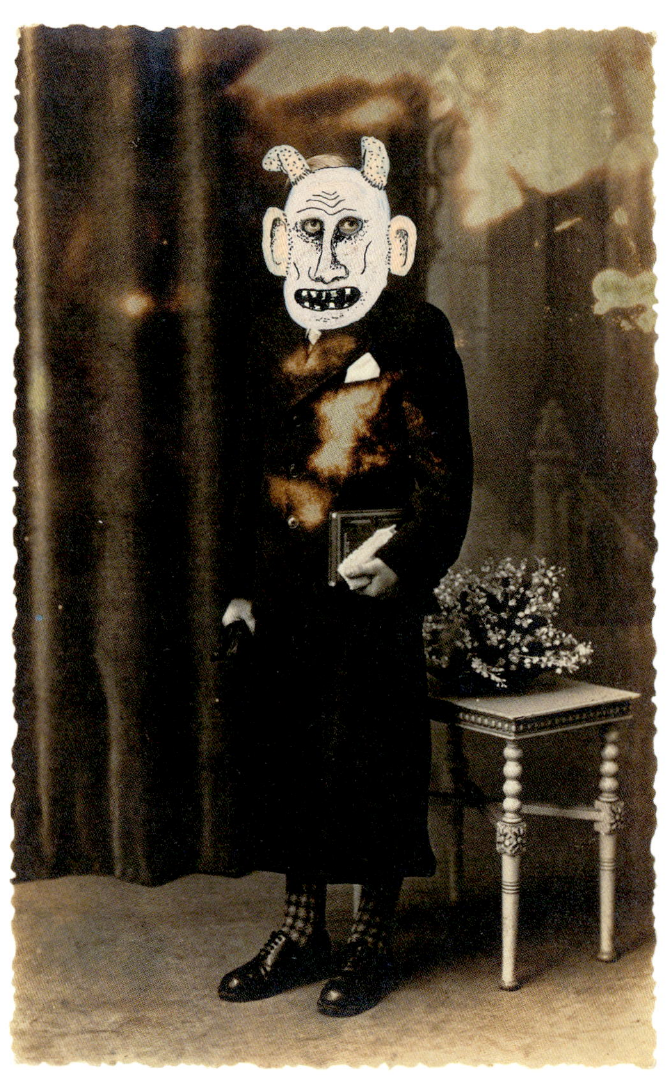

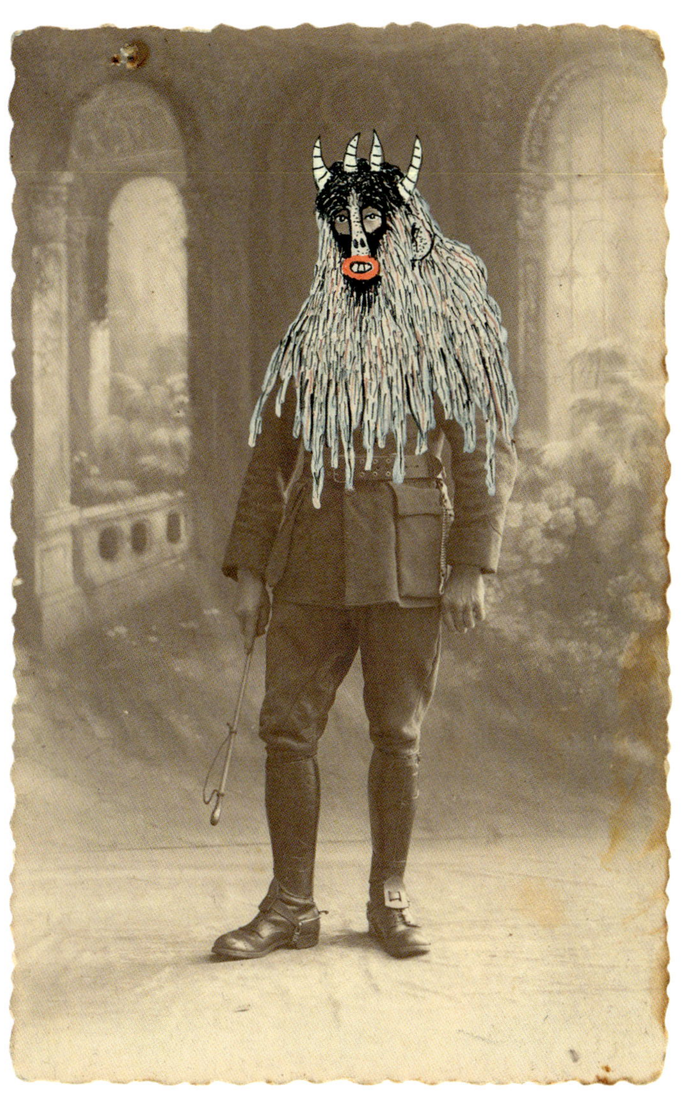

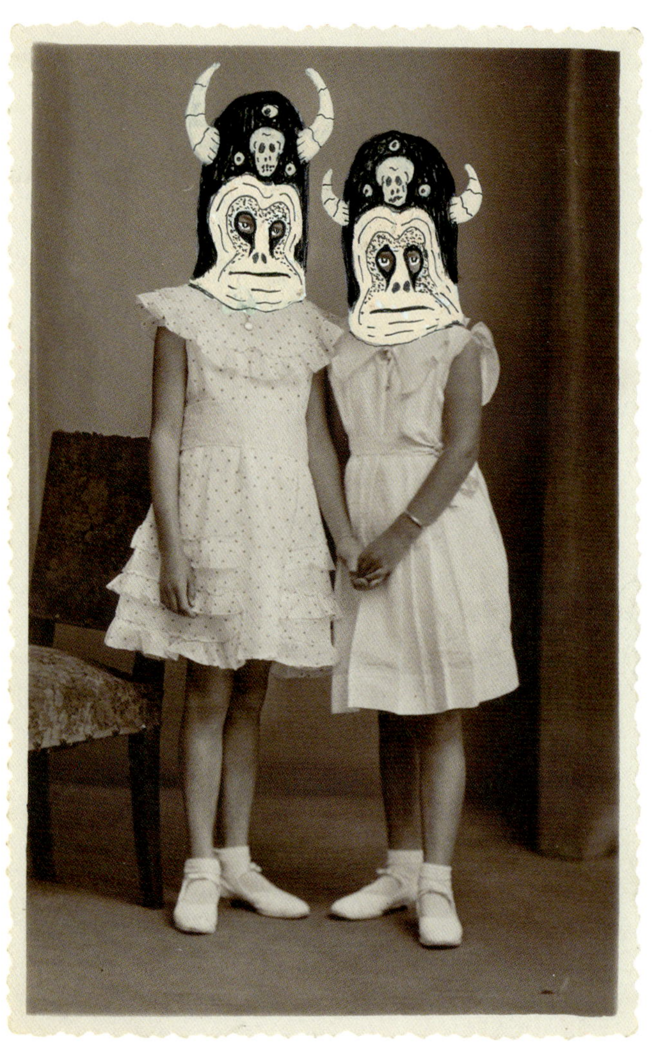

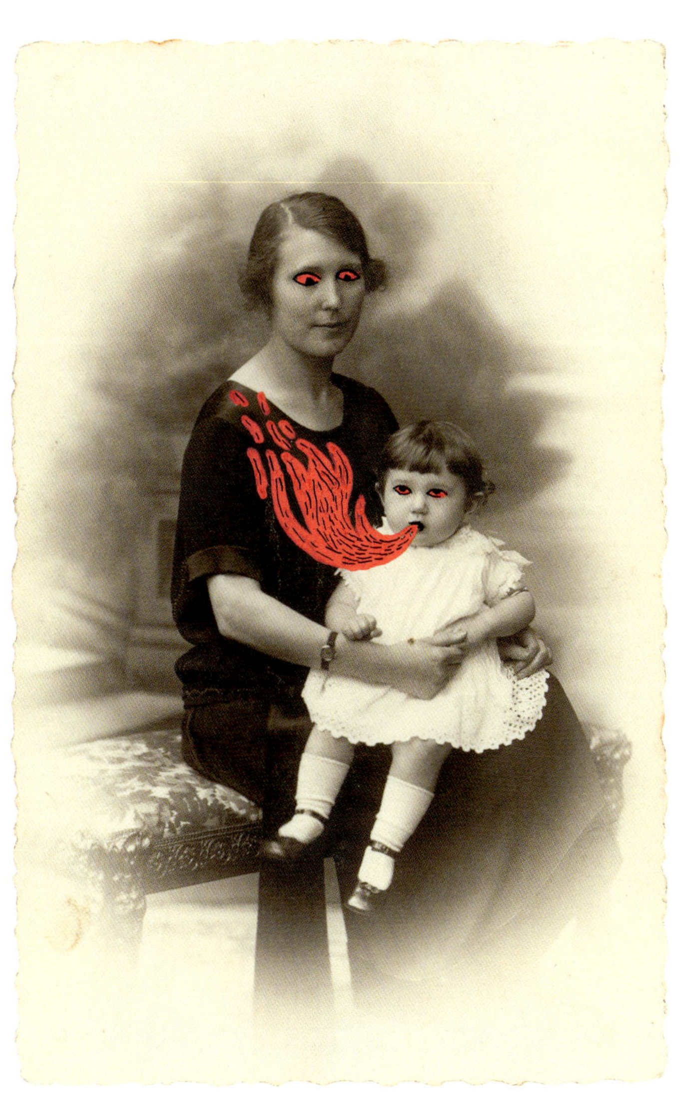

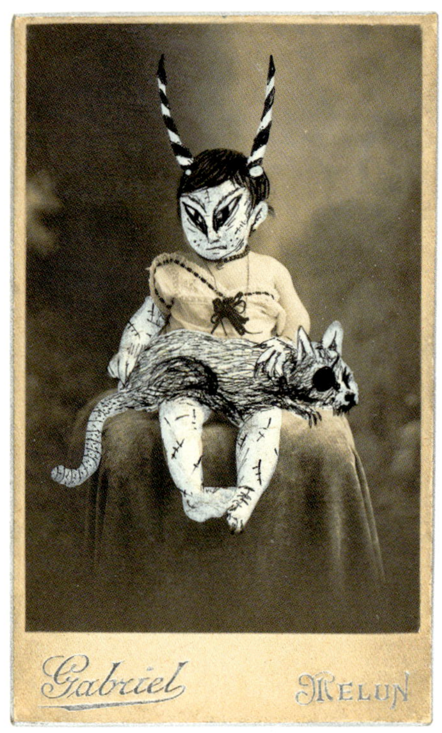
Gabriel
Melun

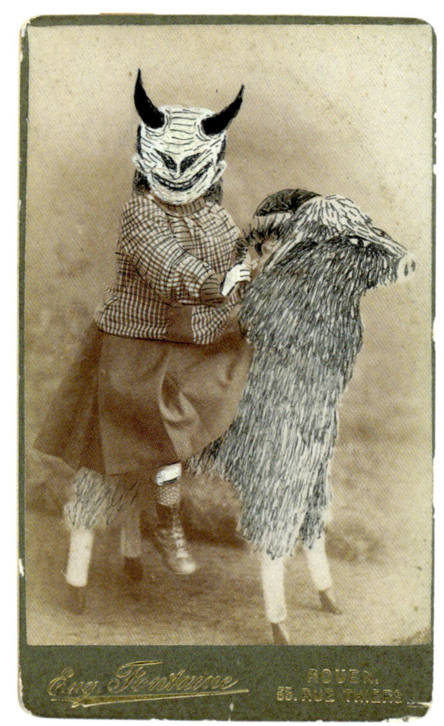
Eug. Fontaine
ROUEN.
55. RUE THIERS

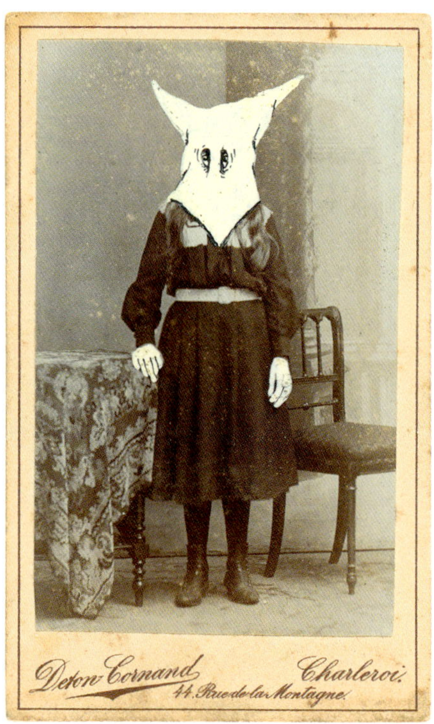
Deton-Cornand
Charleroi.
44. Rue de la Montagne.

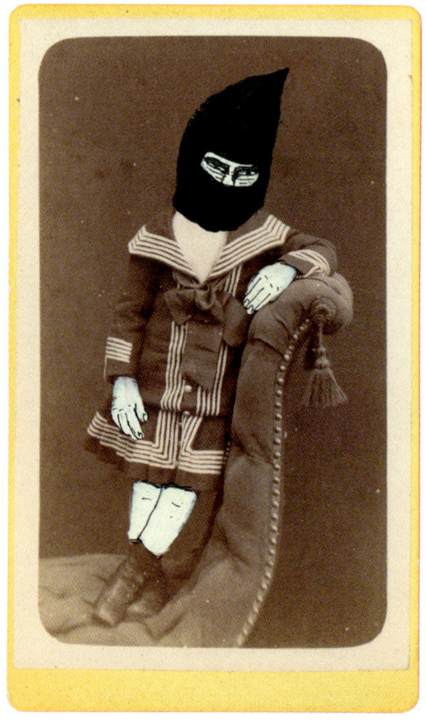

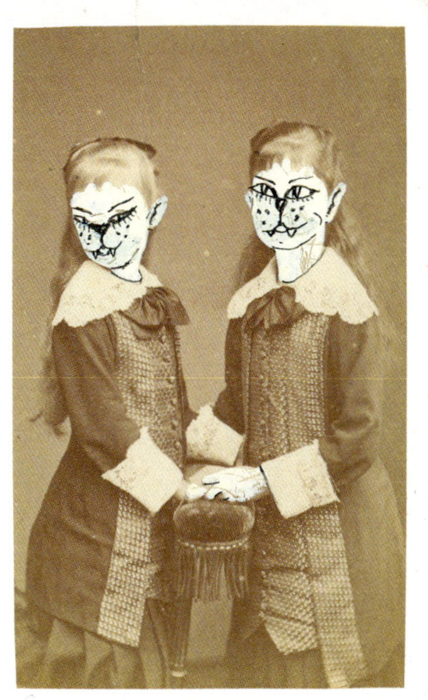

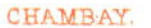
CHAMBAY.
GRAND HOTEL.
PARIS.

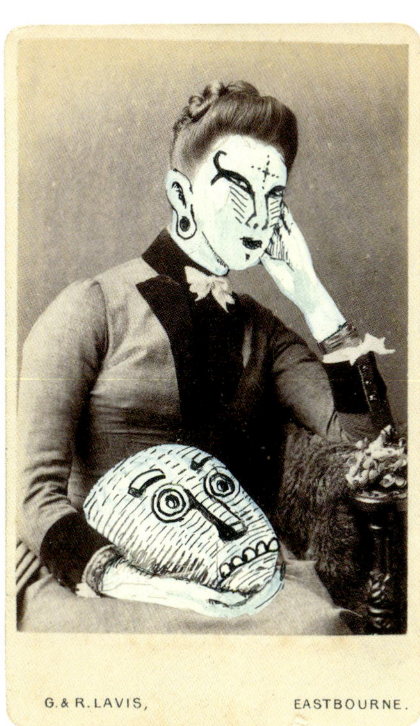
G. & R. LAVIS,
EASTBOURNE.

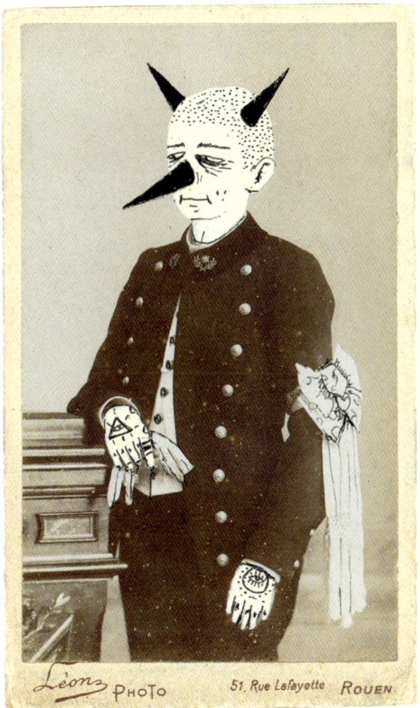
Léon PHOTO
51, Rue Lafayette
ROUEN

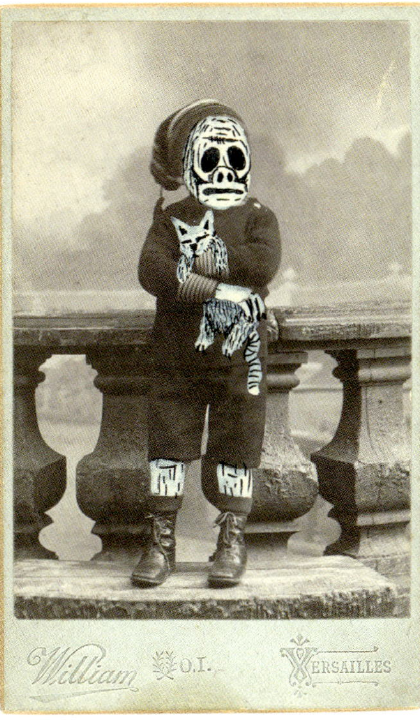
William
O.I.
VERSAILLES

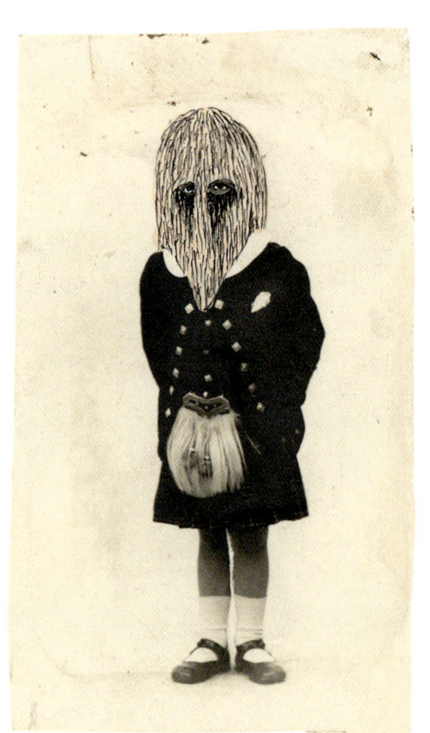

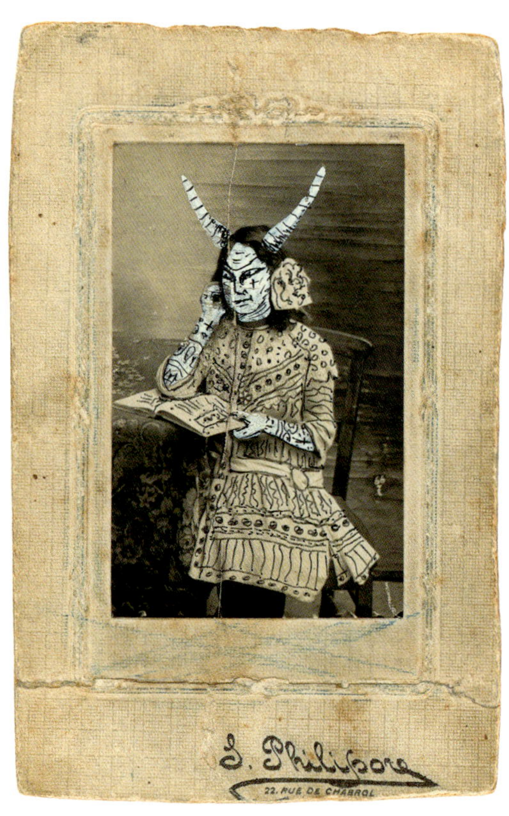
22. RUE DE CHABROL

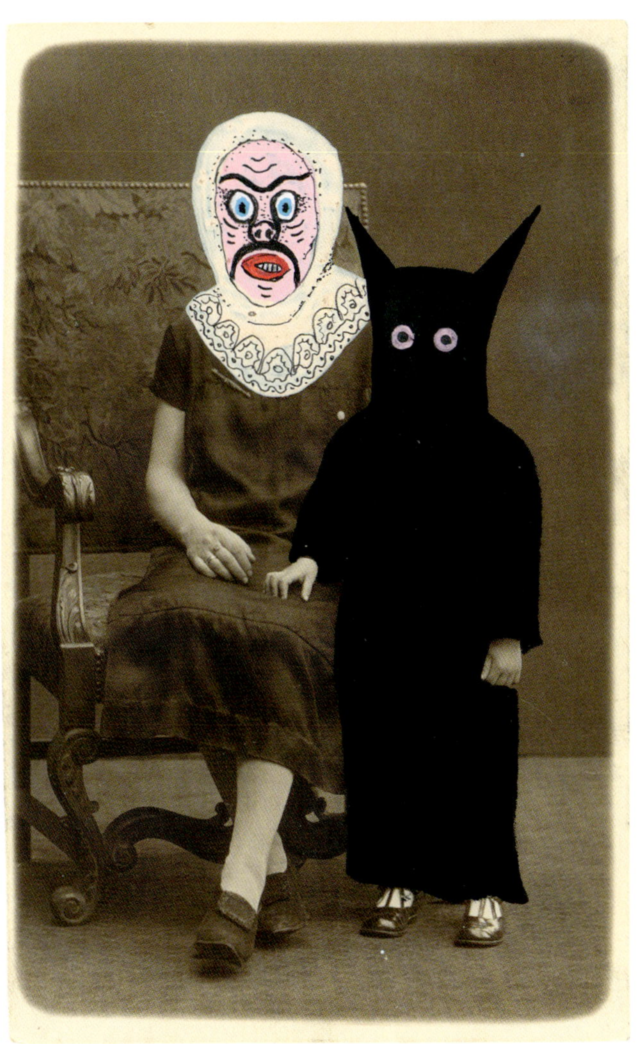

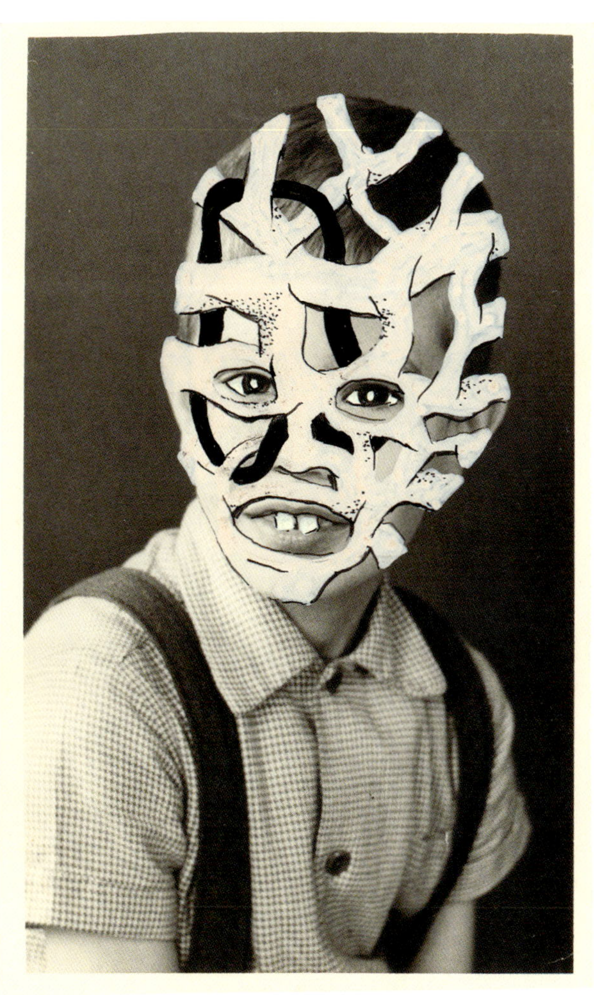

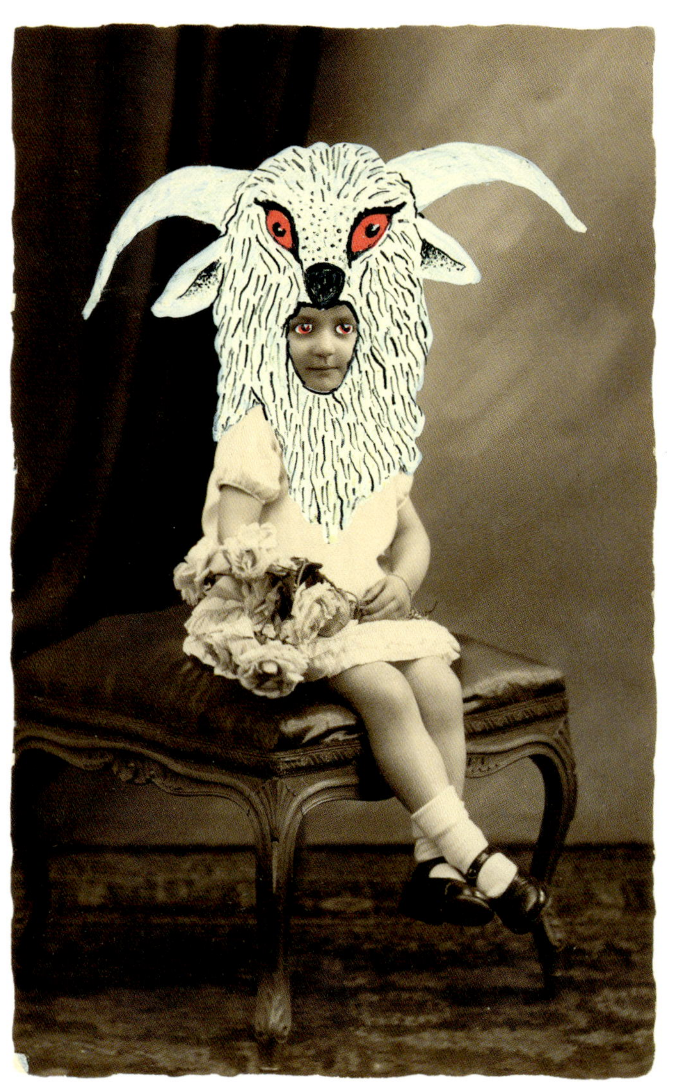

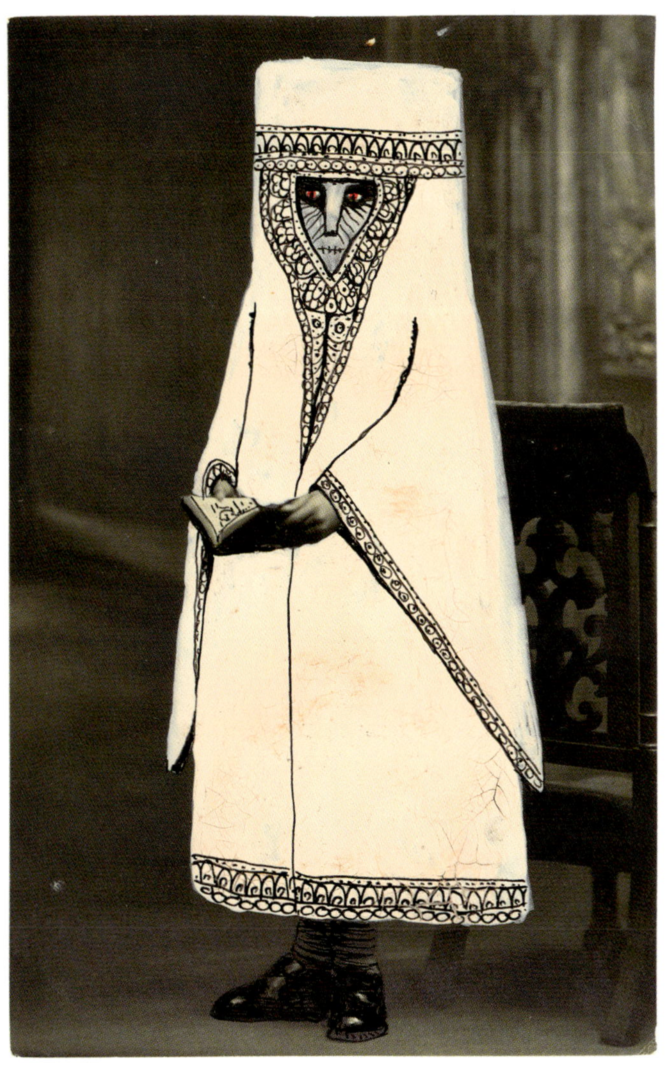

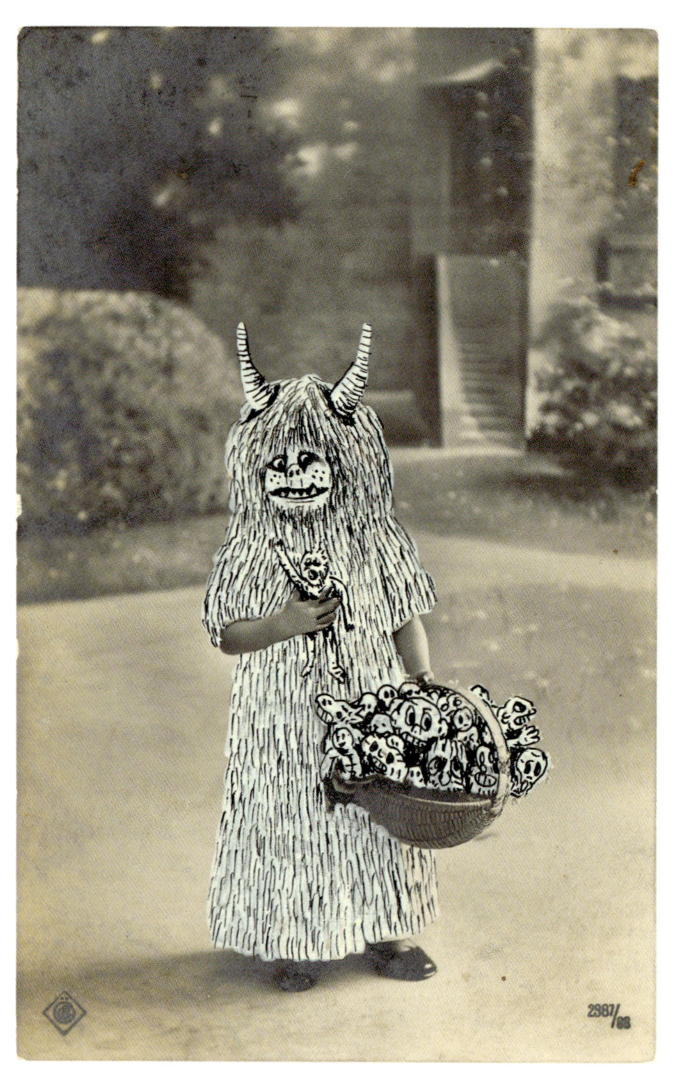

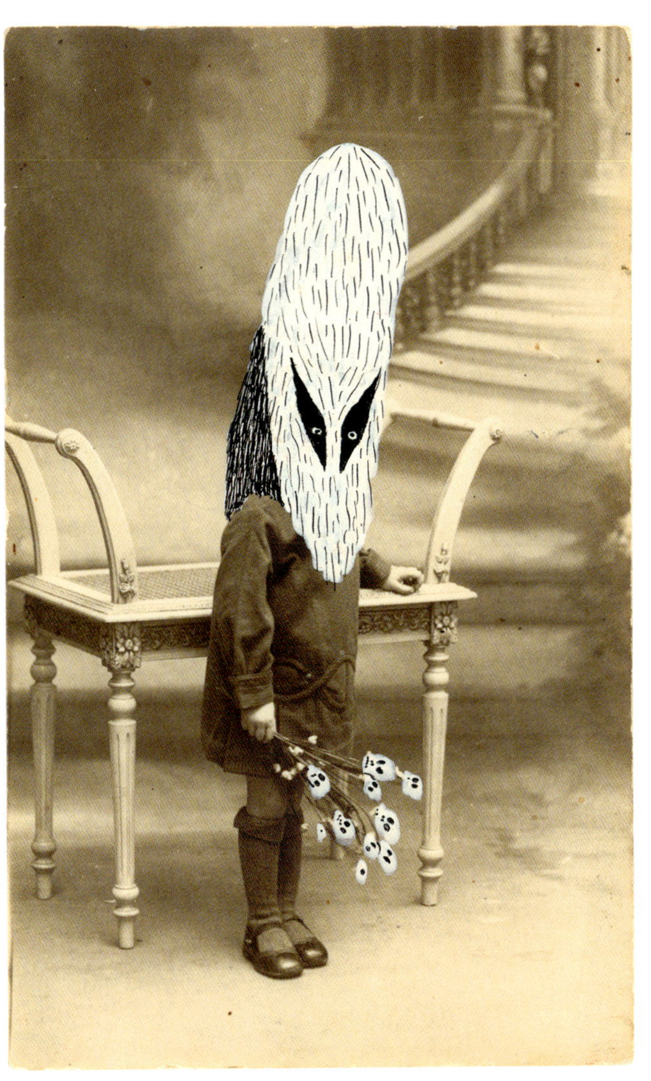

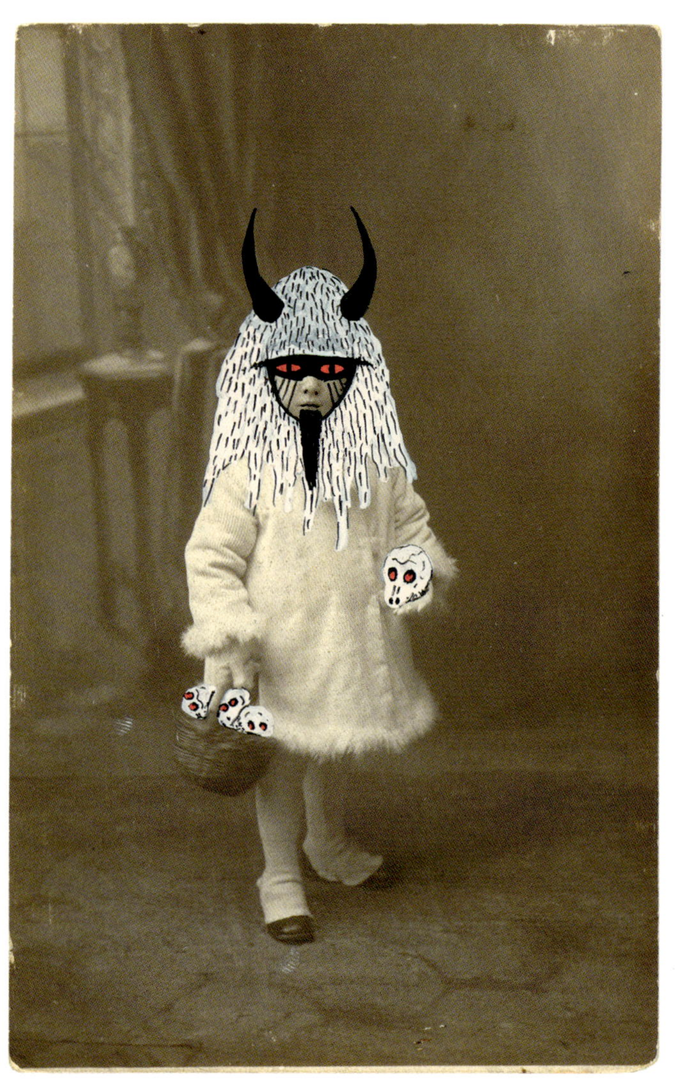

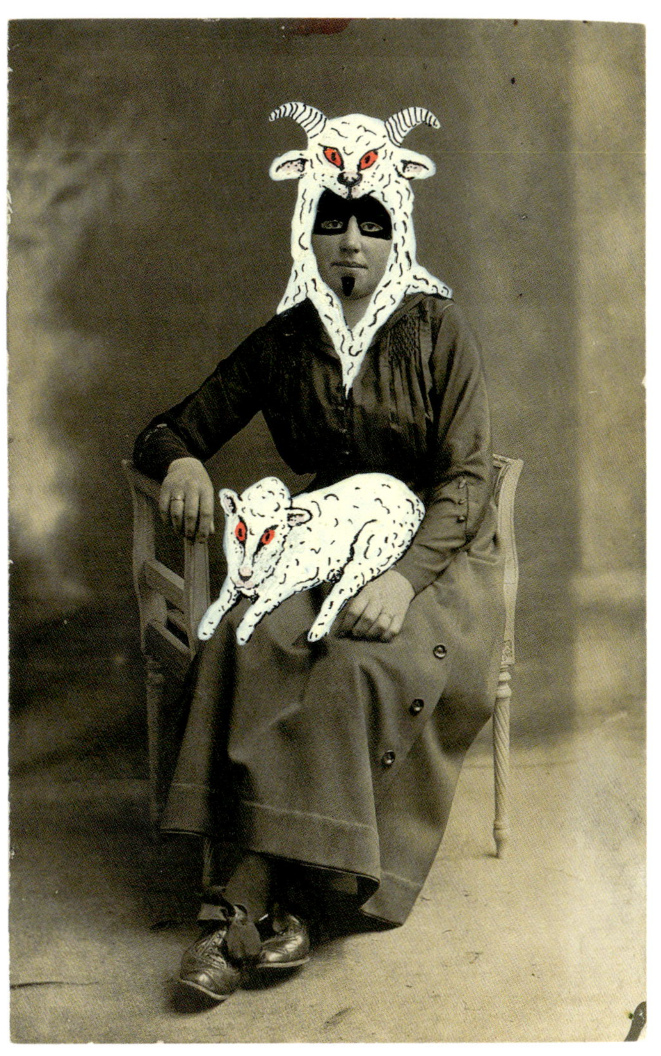

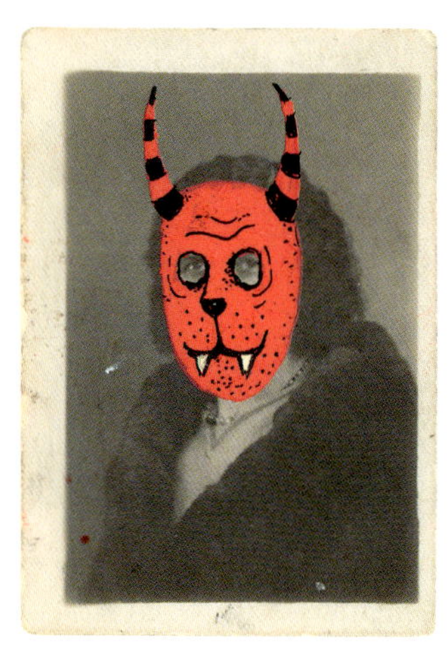

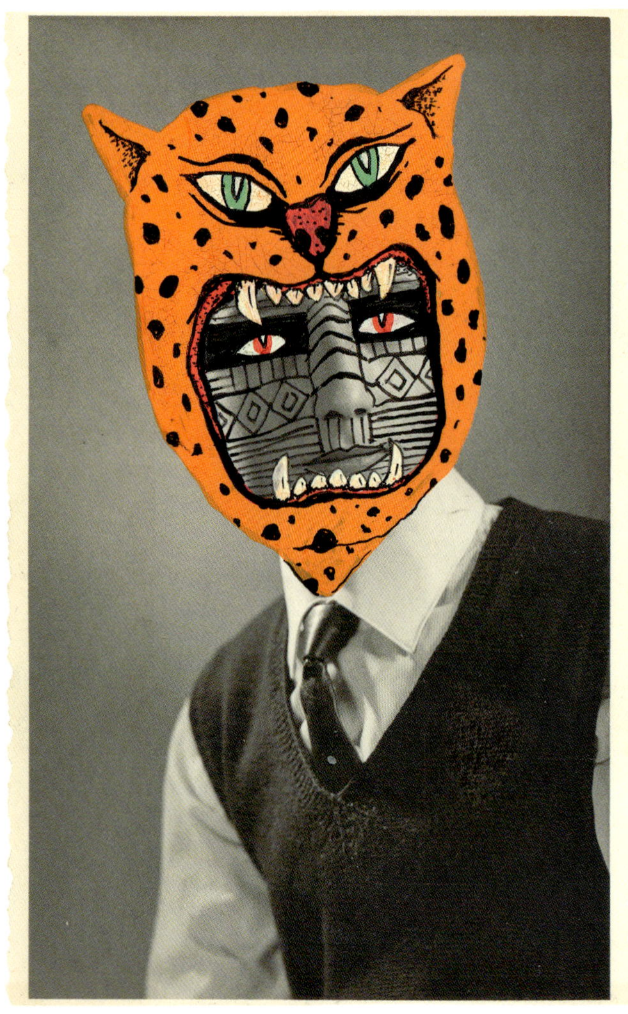

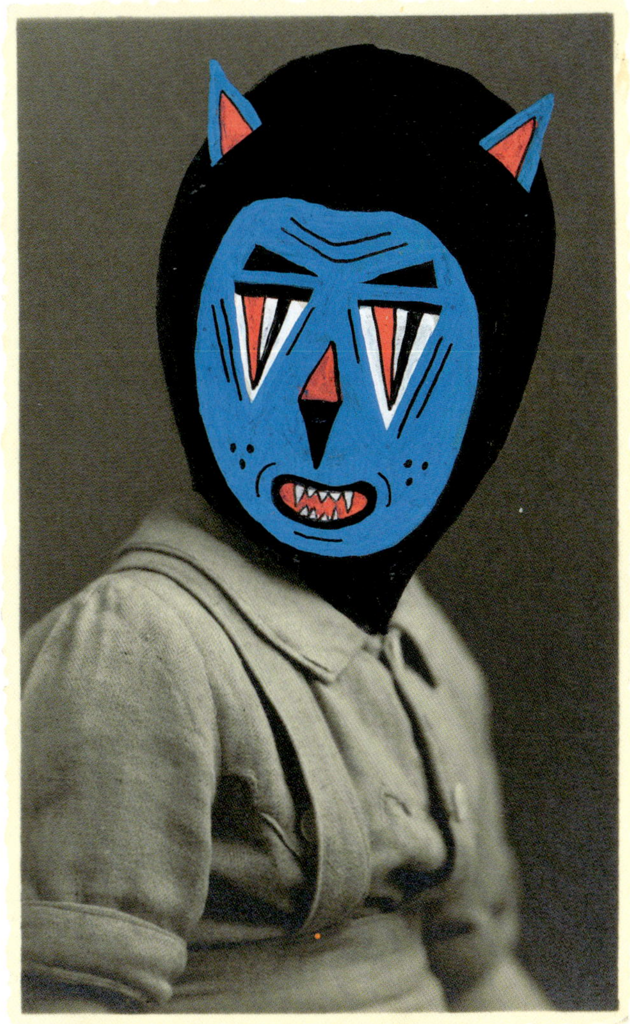

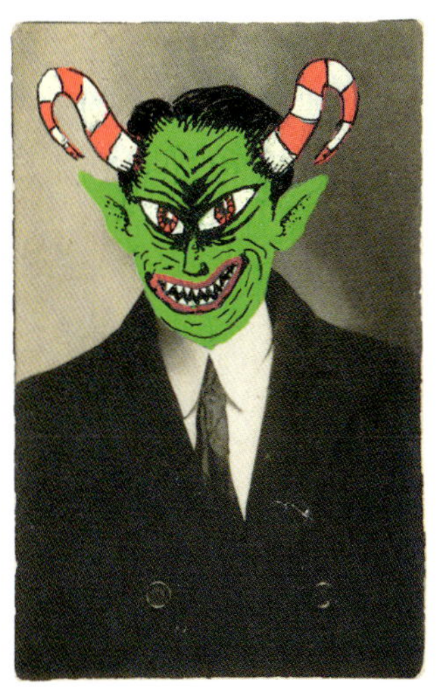

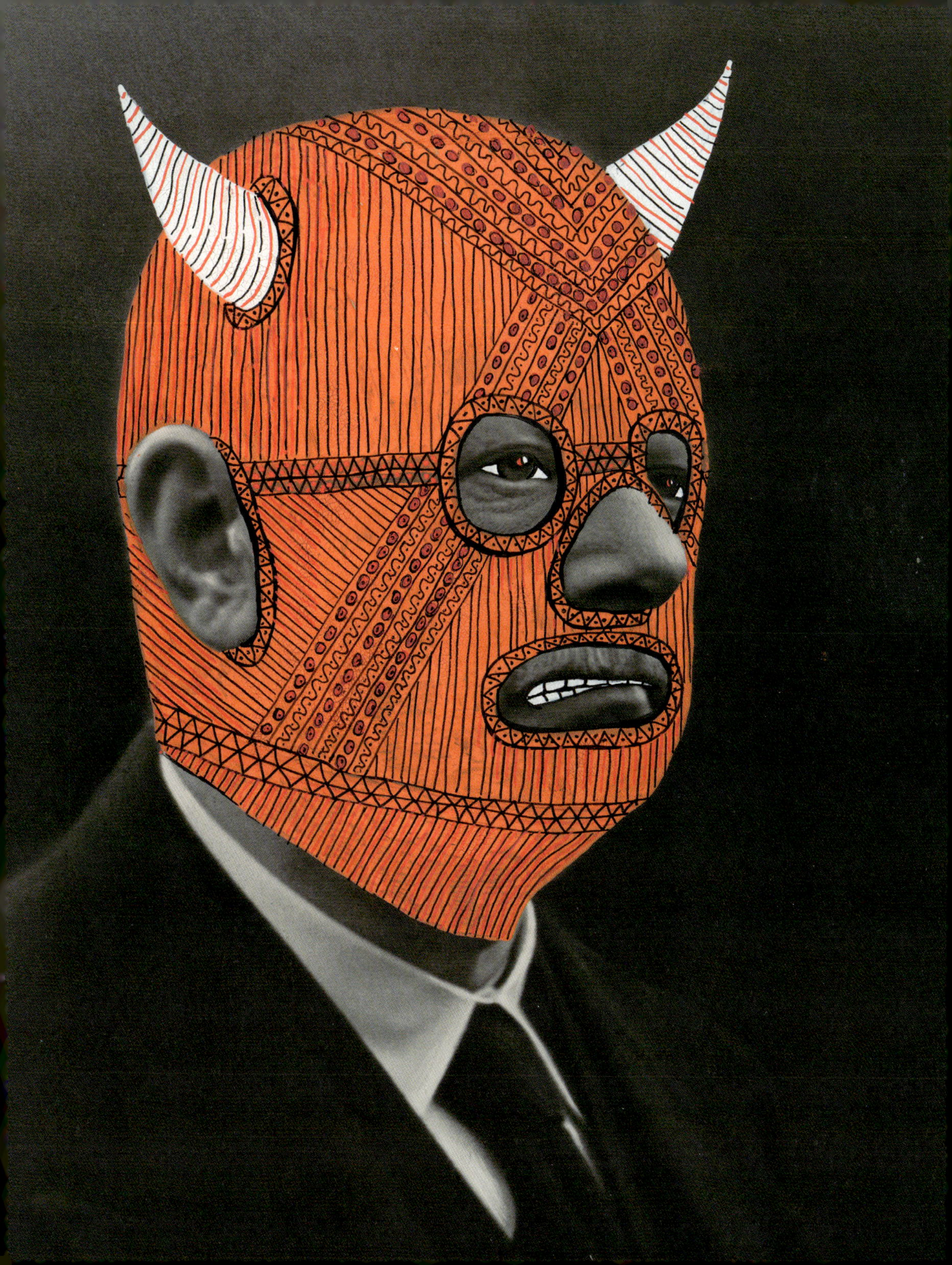

« Depuis plusieurs années, je récupère, achète et collecte de vieilles photos, d'anciens portraits d'identité et des photos de famille d'une autre époque. Petit à petit, j'ai commencé à dessiner au posca (feutre peinture) à même ces originaux, d'abord comme un jeu et sans projet précis. Ensuite, comme le support me plaisait beaucoup, j'ai continué à développer cette approche en faisant dialoguer l'illustration avec son support photographique. J'ai commencé à masquer les visages, à m'éloigner de ces portraits un peu figés pour y amener une forme de mystère, d'étrangeté. Je puise mon inspiration tant dans l'effervescence des quartiers populaires que dans l'imagerie du sacré ou dans la tradition du masque dans les sociétés dites "primitives". Les pistes se brouillent et naît un univers à la fois onirique et cabossé, peuplé de doux monstres et de créatures fantasmagoriques. »

Mathieu Van Assche

"For several years I have been retrieving, buying and collecting old photographs, old identity portraits and family photographs from an earlier era. Little by little I started drawing with a Posca felt-tip painting pen, on the originals, initially just for the fun of it and without anything specific in mind. Later on, as I really liked that support, I continued to develop that approach by initiating a dialogue between the illustration and its photographic support. I started masking the faces, moving away from those rather set portraits to introduce a form of mystery, of uncanny. I derive my inspiration both from the effervescence in less affluent neighbourhoods and from the imagery of the sacred or in the tradition of masks in so-called 'primitive' societies. The sources merge, creating a universe which I can call mine. The sources merge, creating a universe that is both dream-like and a bit bashed up, inhabited by nice monsters and phantasmagoric creatures."

Mathieu Van Assche

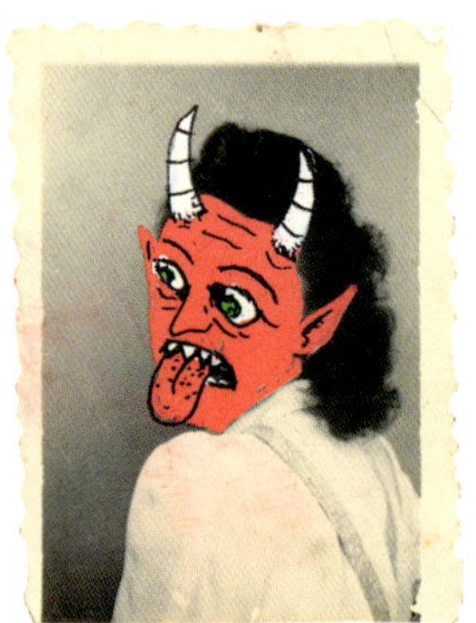

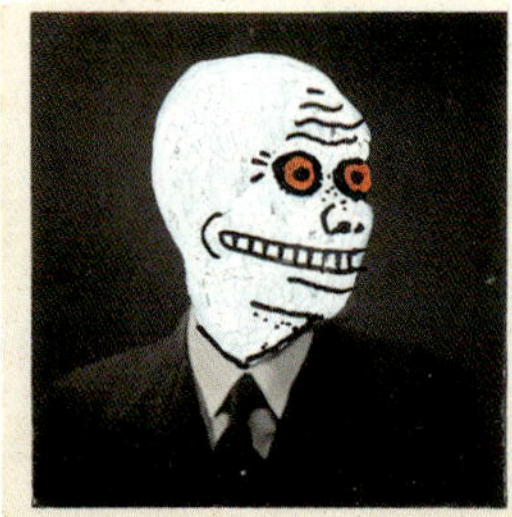

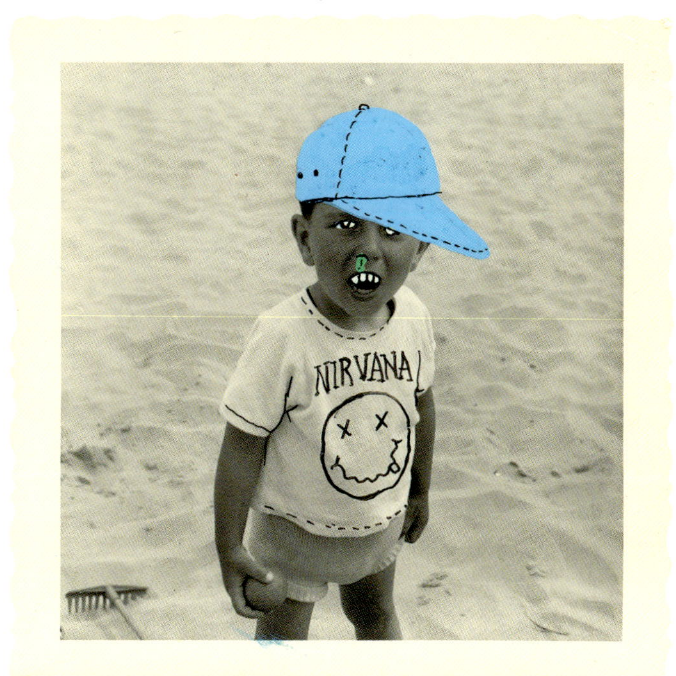

Mathieu Van Assche (né en 1980) est graphiste (Studio Dirk), illustrateur, graveur et photographe. Vivant et travaillant à Bruxelles, il est aussi cofondateur des éditions Le Mulet. En février 2022, il est le lauréat du Prix de la Gravure et de l'Image imprimée 30e édition décerné par le CGI (La Louvière, BE). Il expose régulièrement ses photographies, ses gravures et ses « images sabotées » depuis 2017.

Mathieu Van Assche (born in 1980) is active as a graphic artist (Dirk Studio), an illustrator, an engraver and a photographer. He lives and works in Brussels, and has co-founded the publishing house Le Mulet. In February 2022 he was awarded the Prix de la Gravure et de l'Image imprimée, bestowed by the CGI (La Louvière, BE), at its 30th edition. Since 2017 he has been exhibiting his photographs, engravings and 'undermined images' at regular intervals.

Direction éditoriale / Editorial direction
Christine De Naeyer

Suivi éditorial / Editorial follow up
Thomas Keukens

Traduction / Translation
Philippe Hunt (EN)

Graphisme et photogravure /
Graphic design and photoengraving
Collin Hotermans, Mathieu Van Assche

Numérisation / Numerisation
Atelier KZG

Copyright œuvres / Artworks
Mathieu Van Assche

Impression / Printing
Graphius

Remerciements de l'artiste

Pour Grand-Pierre et Sam.

Merci à ma Diane, mes parents, ma *sister* Cath, Greg et Billie-Boum, mes *compadres* Simon Vansteenwinckel et Cédric Volon, la galerie Calaveras, Home Frit' Home, Pauline Caplet et la tribu de l'Enfant Sauvage, Amandine, Alexis et Pauline, le Chooka Crew, mes amis qui se reconnaîtront, mon centenaire de grand-père, Nicole et Francis Dernouchamps, le Vieux Marché de la place du Jeu de Balle et toutes celles et ceux qui m'ont un jour donné une vieille photo de famille à « saboter ».

Un énorme merci aux Éditions CFC, Thomas Keukens, Christine De Naeyer et Collin Hotermans, d'avoir cru en ce projet et de l'avoir concrétisé !

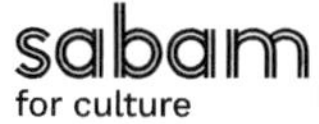

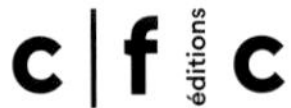

CFC-Éditions
Place des Martyrs, 14
1000 Bruxelles
www.maison cfc.be

Ce livre fait partie de la collection *l'impatient* de CFC-Éditions. Avec le soutien de la Commission communautaire française, Bruxelles / This book is part of the collection *l'impatient* of CFC-Éditions. With the support of the Commission communautaire française, Brussels

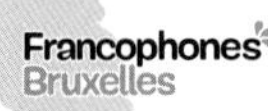

ISBN 978-2-87572-084-9
Dépôt légal / Copyright Registration
D/2022/5165/12